工作不安全感

对服务业员工和团队创新的影响机制研究

毛竹◎著

西南财经大学出版社

中国·成都

图书在版编目(CIP)数据

工作不安全感对服务业员工和团队创新的影响机制
研究/毛竹著.--成都:西南财经大学出版社,2025.
3. --ISBN 978-7-5504-6418-6

Ⅰ.C936

中国国家版本馆 CIP 数据核字第 2024V0G978 号

工作不安全感对服务业员工和团队创新的影响机制研究

GONGZUO BU ANQUANGAN DUI FUWUYE YUANGONG HE TUANDUI CHUANGXIN DE YINGXIANG JIZHI YANJIU

毛 竹 著

责任编辑:石晓东
责任校对:陈何真璐
封面设计:墨创文化
责任印制:朱曼丽

出版发行	西南财经大学出版社(四川省成都市光华村街 55 号)
网　址	http://cbs.swufe.edu.cn
电子邮件	bookcj@swufe.edu.cn
邮政编码	610074
电　话	028-87353785
照　排	四川胜翔数码印务设计有限公司
印　刷	成都金龙印务有限责任公司
成品尺寸	170 mm×240 mm
印　张	12.25
字　数	238 千字
版　次	2025 年 3 月第 1 版
印　次	2025 年 3 月第 1 次印刷
书　号	ISBN 978-7-5504-6418-6
定　价	78.00 元

前言

近年来，中国不断强调创新对经济发展的重要作用，鼓励人人参与到创新创业中来。创新对国家经济和社会发展至关重要；对于企业来说，创新更是其持续发展和基业长青的根本所在。企业是创新的主体，企业的员工是创新的源泉。离开了员工的创新，企业创新就是无源之水、无本之木。此外，在知识经济时代，组织基于团队方式开展工作的情况已是非常普遍，团队已成为组织和员工的重要连接点，它既是落实组织工作任务的基本单位，也是将员工的创意和创新点转化为技术、产品、服务的基本单位。所以，如何提升员工和团队创新水平是当今企业面临的重要议题。

与此同时，企业及其员工和团队还面临着一个现实挑战，即科学技术更新迭代速度加快，各行各业在充满机会的同时，也面临着更多不确定性。这种不确定性体现在员工身上，表现之一便为工作不安全感，即员工对潜在的工作机会丧失、待遇前景不明朗等问题感到不安。同时，企业和员工还可能遭遇具有意外性并产生重大影响的"黑天鹅"事件，比如，新型冠状病毒感染疫情（以下简称"新冠疫情"）冲击了全球经济的方方面面，将工作环境中的不确定性再次增强。受此次疫情影响较大的是服务型企业。在感知工作不安全感加强时，服务型企业员工的创新能力是增强还是减弱？员工将以何种方式进行创新以应对不断变化的外部环境和激烈的市场竞争？这些问题均值得关注。此外，服务型企业的创新如何在团队层面得以体现？创新团队怎样组建以及团队创新活动如何开展？这些问题也值得企业家和管理者重视和思考。本书结合相关理论设计了两个研究，分别从员工和团队两个层面来解答上述问题。

研究一探究的是工作不安全感对员工创新行为的影响。本部分以认知评价理论和资源保存理论为基础，遵循"员工认知评价→应对策略选择→行为结果"这一思路，从员工层面分析了其对工作不安全感的认知差异如何引发其进行情绪劳动策略的选择，进而导致员工创新行为的过程机制，并重点分析了情绪劳动的表层策略和深层策略在其中起到的不同中介作用，验证了组织支持感在此过程中的调节效应。研究一分两个时间点收集到 810 份服务型企业员工问卷，并通过数据分析对模型和假设进行了检验。研究结果表明，工作不安全感既能通过表层策略负向影响员工的创新行为，又能够通过深层策略正向影响员工的创新行为，而深层策略的中介作用更为显著；组织支持感调节了表层策略和深层策略这两种不同路径与员工创新行为之间的关系。具体而言，当员工感知到的组织支持感越强，表层策略对创新行为的负向影响越弱，而深层策略对创新行为的正向影响越强，并验证了被调节的中介效应。

研究二探究的是工作不安全感对团队创新的影响。本部分基于团队IPO 理论和积极情绪扩展-建构理论，遵循"团队输入→团队过程→团队输出"这一思路，引入团队反思这一团队过程变量作为中介变量，并引入团队成员的知识异质性和团队情绪氛围作为调节变量，探讨了团队层面的工作不安全感对团队创新的影响机制和边界条件。研究二分三个时间点收集到 81 个团队 359 名成员的问卷，并结合团队成员自评和直接领导评价的多源数据收集方式，验证了模型和假设。研究结果表明，工作不安全感通过团队反思正向影响团队创新，团队知识异质性在工作不安全感和团队反思的关系中起到调节作用。具体而言，团队知识异质性越高，团队层面的工作不安全感与团队反思之间的正向关系越强。团队情绪氛围在团队反思与团队创新之间起到调节作用。具体而言，团队情绪氛围越好，团队反思与团队创新之间的正向关系越强，并验证了被调节的中介效应。

综上，本书围绕"工作不安全感与创新"这一核心关系，从不同的理论研究视角，构造了两个相互补充的子研究，深入地探讨了工作不安全感对创新的影响机制。本书的特色和可能的创新之处主要从以下三点呈现出来：

第一，延伸和拓展了现有工作不安全感对创新影响的研究视角。外部环境的不确定性导致员工产生工作不安全感的现实问题日益凸显，以往文献主要从消极视角探讨工作不安全感对员工心理、工作态度、工作行为所产生的影响。很多学者认为，工作不安全感是一种压力源，且具有阻碍性，这种"坏"的压力源会导致员工降低对工作的控制感，从而抑制员工的发散思维和创新行为。但现实情况是，组织也处于快速变化的环境中，很难完全消除员工感知到的工作不安全感。本书尝试从积极和正向的视角出发，探讨工作不安全感如何通过不同的作用机制来激发创新。这有利于丰富工作不安全感的积极影响方面的研究。本书的研究结果表明，员工层面的工作不安全感会通过正向影响员工的情绪劳动深层策略，进而促进员工创新行为的产生；团队层面的工作不安全感能通过激发团队反思，进而促进团队创新。需要说明的是，本书并不倡导组织通过增强员工的工作不安全感来激发员工创新，而是探索在工作不安全感已存在的情况下，服务型企业的员工和团队以何种方式进行创新。

第二，本书整合了不同的理论视角，采用了多层次的研究设计，旨在归纳工作不安全感在不同层面对创新的影响机制，找到打开两者间关系黑箱的钥匙。以往文献大多基于员工层面探讨工作不安全感对创新的影响，从团队层面探讨工作不安全感对创新的影响的研究少之又少。本书紧紧围绕"工作不安全感与创新"的关系，整合了认知评价理论、资源保存理论、团队 IPO 理论、积极情绪扩展-建构理论，设计了员工层面和团队层面两个子研究，每个研究侧重点不同，却相互补充，试图回答"工作不安全感如何影响员工和团队创新？""工作不安全感在员工层面和团队层面对创新有何不同的影响机制？"这两个问题，有利于更全面地梳理工作不安全感对创新的影响过程，加深学界对两者关系的理解。

第三，拓宽了工作不安全感影响创新的作用边界。Caldwell 等学者建议从"组织内外""人与情境"交互的视角来深入探究组织成员应对组织变化的态度和行为反应，本书也从这些视角进行了探讨。研究一探讨了员工情绪劳动的表层策略和深层策略（员工的应对策略）与组织支持感（组织情境）的交互作用对员工创新行为的影响；研究表明，较强的组织支持感会减少表层策略对创新行为的负向影响，并加强深层策略对创新行为的正向影响。研究二探讨了团队层面的工作不安全感（对组织外部环境的不确定性而产生的感知）与团队知识异质性（团队内部成员构成情况）的交互作用对团队反思的影响；研究表明，在团队产生工作不安全感的情况下，较强的团队知识异质性更能激发团队反思。此外，本书还探讨了团队反思（团队内部过程）与团队情绪氛围（组织情境）的交互作用对团队创新的影响；研究表明，积极的团队情绪氛围使得团队在反思后产生更多的团队创新行为。这不仅有助于理解什么类型的组织和团队更能有效应对工作不安全感，也有利于全面地了解员工和团队所经历的不安全感影响其创新结果的边界条件。

毛　竹

2024 年 9 月

目录

1 绪论

1.1 研究背景

1.1.1 现实背景

党的十八大提出实施创新驱动发展战略，强调科技创新是提高社会生产力和综合国力的战略支撑，必须摆在国家发展全局的核心位置。这是中央在新的发展阶段确立的立足全局、面向全球、聚焦关键、带动整体的国家重大发展战略。

创新对于国家经济和社会发展至关重要。对企业来说，创新更是其获得可持续竞争优势和保持繁荣的关键（Van Knippenberg，2017b），因此企业需要加快创新的步伐，拥有持续成长的能力。企业是创新主体，企业的员工是创新的源泉。离开了员工的创新，企业创新就是无源之水、无本之木，员工是企业创新发展最宝贵的财富。此外，在当今这个知识经济时代，组织基于团队形式开展工作的情况已非常普遍，团队已成为组织和员工的重要连接点，它既是落实组织工作任务的基本单位，也是将员工的创意和创新转化为技术、产品、服务的基本单位。德勤2019年全球人力资本趋势调查研究显示，65％的企业认为以团队方式展开工作的组织结构，在企业长期发展中具有非常重要的作用。相对于员工而言，团队能够更加快速和敏捷地对外部环境做出反应。团队创新不是员工创新的简单相加，而是团队成员不同见解和观点的整合与优化，能够使团队在合作中实现"1+1>2"的协同效应（Van Knippenberg，2017b）。

与此同时，企业及其员工和团队还面临着一个现实情况：科学技术更新迭代速度加快，各行各业的资讯瞬息万变，"颠覆性或破坏性技术"频频出现（Clayton，2010），每个企业乃至每位员工都面临着"易变性、不确定性、复杂性和模糊性"的环境（丁威旭，大卫·梯斯，李平，2019），这使得员工会对潜在的工作机会丧失、待遇前景不明朗等问题深感无助和不安，即产生工作不安全感（Ashford et al.，1989）。此外，企业和员工还可能遭遇具有意外性并产生重大影响的"黑天鹅"事件，比如，突如其来的新冠疫情冲击了全球经济的方方面面，将工作环境中的不确定性再次提升。媒体报道中"解散员工""减员""集体降薪"等词语屡见不鲜。此外，还有一点值得关注，根据新冠疫情的特点及其相关新闻报道，我们可以发现受疫情冲击的主要是人口密集型和密切接触型的服务型企业。我国目前的经济结构主要以第三产业为主，第三产业在国民经济中的占比越来越高。国家统计局初步核算，2020 年，我国服务业增加值与上年比较，提高了 0.2 个百分点，以 54.5%的比重超过国内生产总值的一半，其中，高技术服务业、科技服务业和战略性新兴服务业收入持续保持增长。与传统的产品型企业相比，在服务型企业资本中，人力资本占比更高，一线员工创新与团队创新是服务型企业创新的源泉和发展的驱动力。因此，在感知到工作不安全感时，服务型企业员工的创新能力是增强还是减弱？如果实施创新，员工将以何种方式进行创新以应对不断变化的外部环境和激烈的市场竞争？这些研究问题均值得关注。此外，服务型企业的创新如何在团队层面得以体现？创新团队怎样组建以及团队创新活动如何开展？这些问题也值得企业家和管理者重视和思考。本书围绕上述四个现实问题展开研究，以期得到一些对服务型企业员工创新和团队创新有意义的结果，从而为创新活动的开展提供理论依据。

1.1.2 理论背景

创新是指为了发展需要，人们把企业内外部资源进行重新组合和有机结合，并不断挖掘企业还未利用的资源，冲破惯例和常规，释放或创造一些新的、特有的、宝贵的、有价值的想法（Schumpeter，1934）。创新的本质是突破，且核心是"新"，即打破陈旧和过时的思维惯性和行为习惯，以求改变产品结构或功能，或者是在产品的外部特征上进行造型的变更、表达形式的转化和实质内容的完善等。鉴于员工和团队创新对企业的发展至关重要，管理学界也一直对个体创新和团队创新的影响因素、作用机制、边界条件保持高度重视。组织是一个多层次结构，因此组织的创新也可以被分为员工创新、团队创新、组织创新等多个层次（Dong，Bartol，Zhang & Li，2107）。不同层次创新的影响因素、作用机理可能不尽相同，虽然员工创新是团队创新的组成要素，但是团队创新并不是团队成员创新的简单相加，团队创新还会受到团队成员组成、团队氛围等因素的影响（Gong，Kim，Lee，et al.，2013）。因此，本书把员工创新和团队创新都纳入研究之中，并分别探索其影响因素、作用机理和边界条件。

以往研究从不同的理论视角出发，探究了工作不安全感与创新之间的关系。具体地，Probst、Stewart、Gruys 和 Tierney（2007）从加工效率理论出发，结合实验和调查研究，分析了工作不安全感如何影响员工的创造力。他们通过 104 名非传统本科学生的实验研究与 5 个组织的 144 名员工的问卷调查，得出"工作不安全感会导致员工的创造力减弱"的结论。朱朴义和胡蓓等（2014）用不确定性管理理论来解释工作不安全感与创新行为之间的关系。他们关注科技人才这个群体，通过数据分析证明了工作不安全感会减少科技人才的创新行为，但如果科技人才感知到较强的互动公平感，那么工作不安全感对创新行为的负向影响会被减弱。裴彩霞（2017）从计划行为理论出发，探讨了变革情感承诺在工作不安全感的两个维度和员工创新行为间所起的作用。她通过 448 名员工及 116 名直接主管的配对数据，验证了变革情感承诺能够正向影响员工创新行为；然而，员工的工作不安全感会导致员工更偏好于保持现状，不愿意接受变革，更不愿意为变革成功而贡献自己的力量，从而会减少其创新行为。张勇和龙立荣（2013）基于社会认知理论，对工作不安全感与员工创造力的关系进行了探讨，通过对 289 对上下级配对的数据进行分析，得出"工作不安全感会削弱员工创造力"的结论。

此外，Niesen、Van Hootegem、Vander、Battistelli 和 De Witte（2018）从心理契约理论出发，通过收集一家面临重组和裁员的工业组织的 190 名员工的问卷，探究了工作不安全感与创新工作行为的两个子维度（想法产生和想法实施）之间的关系。结果表明，工作不安全感通过心理契约破裂对两种类型的创新工作行为产生间接正向影响。刘淑桢、叶龙和郭名（2019）从压力认知评价理论出发，通过 492 名员工的调查数据，揭示了工作重塑对员工创新行为的正向影响。此外，领导支持和自我效能感分别在员工的工作不安全感、工作重塑、创新行为的影响关系中起到了调节作用。陈明淑和周子旋（2020）基于压力学习理论，通过对 323 份问卷进行数据分析，结果表明，工作不安全感会促使员工进行现场非正式学习，这种学习行为有助于员工创造力的形成。整体而言，以往研究结果发现，工作不安全感作为一种压力源（冯冬冬，陆昌勤，萧爱铃，2008），与创新行为之间的关系是复杂且不确定的：一方面，工作不安全感会减少员工的创新行为（Gilboa, Shirom et al., 2008）；另一方面，工作不安全感也可能激发员工的创新行为（Sverke & Hellgren, 2002）。此外，裴彩霞（2017）认为，工作不安全感与员工的创新行为之间并不一定是线性关系，这两者的关系还可能是正"U"形或者是倒"U"形。因此，工作不安全感究竟通过怎样的中介机制对创新行为产生影响还有待更深入地研究。

此外，团队层面的工作不安全感是否会对团队创新产生影响，以及通过什么路径和方式对团队创新产生影响还不太明了，相应的研究还比较匮乏。笔者通过梳理以往将员工工作不安全感聚合到团队层面的文献，发现其结果变量是不同的。Sora 等学者把团队成员感知到的工作不安全感聚合到团队层面，分析来自西班牙的 20 个组织的 428 名员工和来自比利时的 18 个组织的 550 名员工的数据，结果显示，工作不安全感会对员工的工作满意度和组织承诺产生负面影响。马占杰（2019）从压力适应理论出发，验证了工作不安全感对员工关系绩效和任务绩效具有倒"U"形影响，较高或较低的工作不安全感通常被视为"不好的氛围"，而中等程度的工作不安全感被认为是"好的氛围"，此积极氛围甚至可以提升员工绩效。杨付和张丽华（2012）也认同团队层面的工作不安全感与团队创新之间的关系是倒"U"形的观点，他们用不确定性管理理论解释了为什么当团队沟通和工作不安全感处于中等程度的时候，才最有利于激发员工的创新行为。此外，该研究还验证了员工的创造力自我效能感越高，团队沟通和工作不安全感对团队成员创新行为的倒"U"形影响越弱。这些研究都为团队层面的工作不安全感研究打下了坚实的基础。那么，团队层面的工作不安全感如何影响团队创新呢？为回答这一问题，亟待把员工创新和团队创新都纳入研究之中，并分别探索工作不安全感对这两种创新的影响因素、作用机理和边界条件。

1.2　研究问题的提出

根据管理实践和文献研究，本书主要想探究的问题有"工作不安全感如何影响个体创新和团队创新？""工作不安全感在员工层面和团队层面对创新有何不同的影响机制？""是否有其他组织内部因素或者团队因素会影响员工创新和团队创新？涉及哪些具体因素？""已有工作不安全感的员工和团队，是否有可能寻找办法来积极应对？换句话说，员工和团队能否通过自身努力转危为机？"

1.3　研究思路与整体理论框架

针对上述问题，本书结合相关理论设计了两个研究，以期更为全面地理解和分析工作不安全感与创新之间的作用路径。具体地，研究一基于认知评价理论和资源保存理论，遵循"员工认知评价→应对策略选择→行为结果"这一思路，从员工层面分析了个体对工作不安全感的认知差异是如何引发员工进行情绪劳动策略的选择，进而导致不同行为结果的过程机制，并验证了组织支持感在此过程中的正向调节作用。研究二基于团队IPO理论和积极情绪扩展-建构理论，遵循"团队输入→团队过程→团队输出"这一思路，阐述了团队层面的工作不安全感如何引发团队成员进行反思，进而导致团队创新的过程机制，并验证了团队成员知识异质性和团队情绪氛围在此过程中的正向调节作用。本书的整体理论框架如图 1-1 所示。

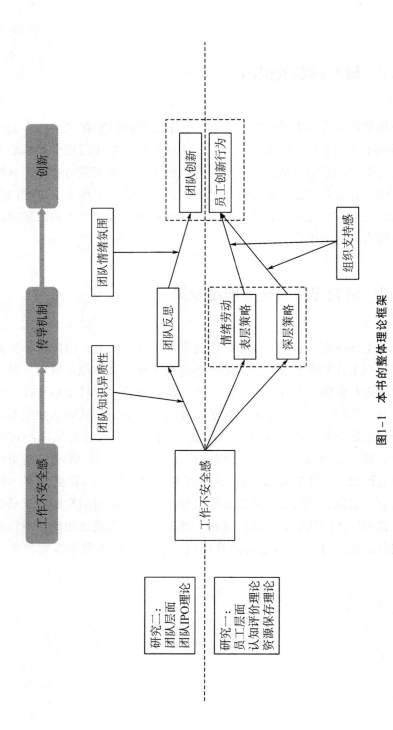

图1-1 本书的整体理论框架

1.4 研究方法和技术路线

1.4.1 研究方法

1.4.1.1 文献研究法：寻找研究切入点

文献研究是本书研究的出发点。文献研究法超越了时间和空间的限制，通过对古今中外文献进行研究，可以了解到广泛的社会情况。本书以大量国外管理学、应用心理学、组织行为学研究期刊为基础，结合当前中国组织管理现状和国内相关理论研究成果，发现了文献理论研究与现实管理困境的结合点，找到前人研究的不足，以此确定本书的内容。然后，本书对所涉及的理论（认知评价理论、资源保存理论、团队 IPO 理论、积极情绪扩展-建构理论），以及关键变量（工作不安全感、创新、情绪劳动、团队反思、组织支持感、知识异质性、团队情绪氛围）进行了广泛的文献收集和梳理，为后面的相关研究假设打下基础，以构建本书的整体理论框架。

1.4.1.2 问卷调查法：对组织成员和团队进行纵向时间数据调查

为了更好地反映变量间的因果关系，并尽可能减少共同方法偏差产生的不良影响，本书采用了纵向时间数据调查方法并进行多来源的数据收集。在研究一中，数据是在两个时间点收集的，两个时间点的间隔时长为四周。第一次数据收集测量的内容是员工的工作不安全感和组织支持感，以及人口统计学变量（性别、年龄、教育程度、婚姻和工作年限）。在第二个时间点，测量了员工情绪劳动和创新行为两个变量，最终收集到 810 名服务业员工的问卷。在研究二中，分三个时间点获取了数据，时间间隔为三周，采用了团队成员自评和领导评价相结合的方式。团队成员在第一个时间点自评了工作不安全感和团队知识异质性这两个变量，以及团队成员的人口统计学信息（性别、年龄、教育程度和工作年限）；在第二个时间点自评了团队成员的团队反思和团队情绪氛围这两个变量；团队主管在第三个时间点评价了团队创新这个变量，最终收集到 81 个团队、359 名服务业员工的问卷。

1.4.1.3　实证分析法：利用纵向调研数据分析验证假设模型

本书对收集到的员工层面和团队层面的有效调研数据进行分析，以此验证假设的显著性和整体模型的有效性。在实证分析的过程中，本书主要使用 SPSS 23.0、PROCESS 插件（Hayes，2012）和 Mplus 7.4 等统计软件，采用了逐步回归法和 Bootstrap 方法对研究模型进行验证，根据数据结果得出本书的总体结论，并根据研究局限对未来研究给予了合理的建议和展望，以此完善工作不安全感对员工创新行为和团队创新影响过程的研究。

1.4.2　技术路线

首先，本书结合现实背景和理论背景来寻找突破点，提出了研究问题。其次，作者通过阅读和梳理文献，对本书研究变量和所依据的理论进行梳理和汇总，为后续研究设计和假设提出做好铺垫。再次，本书针对要研究的核心问题，从员工层面和团队层面进行分析和探讨，并得出结论。具体而言，研究一基于认知评价理论和资源保存理论，引入了情绪劳动作为中介变量，探讨了员工层面的工作不安全感对员工创新行为的影响机制，并重点分析了情绪劳动的表层策略和深层策略在其中起到的不同中介作用；还引入了组织支持感作为调节变量，探讨了员工层面的工作不安全感对员工创新行为影响的边界条件。研究二基于团队 IPO 理论和积极情绪扩展-建构理论，将团队反思这个团队过程的变量作为中介变量，将团队成员的知识异质性和团队情绪氛围作为调节变量，探讨了团队层面的工作不安全感对团队创新的影响机制和边界条件。两个研究根据模型结构并通过相关数据分析方法验证了模型和假设。最后，本书总结了研究内容，明确了研究的理论意义和现实意义，提出了研究存在的不足并对未来相关研究进行展望。本书的技术路线如图 1-2 所示。

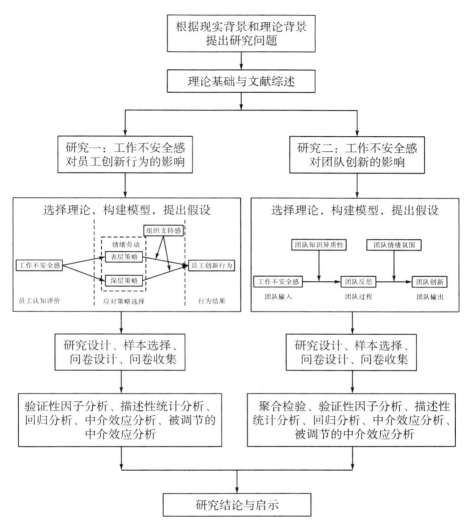

图 1-2 本书的技术路线

1.5　研究的理论意义与实践意义

1.5.1　理论意义

1.5.1.1　拓展了现有工作不安全感影响创新的研究视角

以往文献主要从消极视角来探讨工作不安全感对员工心理、工作态度、工作行为产生的影响。相比之下，较少有文献探讨工作不安全感对创新的积极影响，即使有相关研究也不够深入。本书拓展了工作不安全感与创新之间的积极关系研究。以往文献大多把工作不安全感视为压力源的一种，这种具有"坏作用"的阻碍性压力源会导致员工降低对工作的控制感，从而抑制员工的发散思维和创新行为。第一，本书验证了员工的工作不安全感通过正向影响员工的情绪劳动深层策略，进而有利于员工创新行为的产生。第二，本书验证了团队层面的工作不安全感通过正向团队反思，进而促进团队创新。综上，本书从积极的和正向的视角出发，揭示了工作不安全感可通过多种路径对创新产生积极和正向的作用，有利于丰富工作不安全感积极影响的相关研究。

1.5.1.2　丰富了工作不安全感在不同层面对创新影响的研究

已有文献主要研究员工层面的工作不安全感对员工创新行为产生的影响，在团队层面的研究少之又少。创新多层次理论认为，创新行为不局限于员工层面，在团队层面上同样会产生创新行为（Anderson，2004）。Gong等（2013）呼吁研究同一个前因变量是否会通过不同作用机理对团队创新和个人创新产生不同影响，本书也从这个角度进行了研究。本书根据管理实践和文献研究，并通过实证研究回答了"工作不安全感如何影响员工和团队创新""工作不安全感对创新的影响机制在员工层面和团队层面是否有区别，以及有何区别""在工作不安全感的影响下，组织的员工和团队是否有可能寻找办法并积极应对"这些问题。针对上述问题，本书设计了两个研究，从两个层面来理解和分析工作不安全感与创新之间的作用路径。研究一基于认知评价理论和资源保存理论，遵循"员工认知评价→应对策略选择→行为结果"这一思路，从员工层面证明了个体对工作不安全感的认知差异会引发员工对情绪劳动的不同策略进行选择，进而导致不同创新行为结果的过程机制。研究二基于团队IPO理论和积极情绪的拓展-建构理论，遵循"团队输入→团队过程→团队输出"这一思路，把团队各个成员感知到的工作不安全感聚集到团队层面，证明了团队层面的工作不安全感会激发团队反思，进而导致团队创新的过程机制，这丰富了工作不安全感在不同层面对创新影响的研究。

1.5.1.3 洞悉了工作不安全感影响创新的中介过程

本书根据Selenko（2013）等学者的建议，从更多的角度发掘和解释工作不安全感和创新行为之间的联系，探讨了情绪劳动在工作不安全感与创新行为之间的中介作用，为解释两者之间的关系提供了新思路。面对同样的外部环境，若员工对工作不安全感做出威胁性评价，认为自己即将面临资源的损耗，此时往往会采取消耗更少资源的表层策略，付出更少的努力以保住现有的资源。他们也会避免创新失败和更多的资源损失，从而表现出较低的创新欲望。若员工对工作不安全感做出具有挑战性的评价，他们就会看到机会和获得资源的可能性，就会自发地采用深层策略，调整内心状态和情绪，主动、积极地与主管、同事、客户沟通交流并获得支持，从而有助于创新行为的产生。

此外，把团队层面的工作不安全感看作一种团队社会心理，把它作为团队过程的输入因素，探讨团队反思在工作不安全感与创新行为之间的中介作用，为解释在团队层面两者之间的关系提供了新思路。经历工作不安全感的团队为了避免失去工作，会选择在"危中求机"，因此会促使团队进行反思，思考陷入此情况的原因，同时也会审视外部环境，积极寻找应对方案。同时，经历工作不安全感的团队成员可能会有"命运共同体"的意识。在团队反思的过程中，团队成员会更愿意倾听和积极思考其他成员所提的建议和意见，评估团队的目标、策略或流程能否适应当前或预期的内外部环境。团队成员也会更加大方地分享自己觉得有价值的知识、技能等，有利于团队成员学习到新知识，产生思想碰撞，萌生更多创新的思维。团队成员之间的信任程度较高，更易激发合作意识，使其达成一致意见，进而激发团队创新。

1.5.1.4 拓展了工作不安全感影响创新的作用边界

Caldwell 等（2004）建议从"组织内外""人与情境"交互的视角来深入探究组织的现象，本书也采纳了这个建议。具体而言，研究一探讨了组织支持感与员工情绪劳动的表层策略和深层策略的交互作用，及其对员工创新行为的影响。情绪劳动的表层策略和深层策略是员工的策略选择。研究表明，较强的组织支持感会减弱表层策略对创新行为的负向影响，并加强深层策略对创新行为的正向影响。研究二探讨了团队层面的工作不安全感与团队知识异质性的交互作用对团队反思的影响，工作不安全感是对外部的不确定性而产生的不安全感，知识异质性是团队内部构成情况。研究表明，在团队产生工作不安全感的情况下，相对于低知识异质性，较高的团队内部的知识异质性更能激发团队反思。此外，本书还探讨了团队反思与团队情绪氛围的交互作用对团队创新的影响。研究表明，积极的团队情绪氛围会促进团队反思，从而激发团队创新。这不仅有助于理解什么类型的组织和团队更能有效应对工作不安全感，也有利于全面地了解员工和团队所经历的不安全感影响其创新结果的边界条件。

1.5.2 实践意义

工作不安全感已然成为组织员工面临的困境，想要组织为员工撑起"保护伞"，为他们营造出"无虑无忧、逍遥自在"的工作环境，几乎是不现实的。在此情况下，盲目地试图去消除所有导致工作不安全感产生的因素，会付出很多努力且不一定有效，这是不明智的做法。本书的实践意义在于：试图帮助组织管理者探索出在工作不安全感已经无法避免的情况下，是否有方法能够使组织合理地利用工作不安全感来激发员工的创新行为。

1.5.2.1 用辩证的观点和视角来看待工作不安全感的影响

以往研究更多探索的是工作不安全感对员工和组织带来的消极影响，这导致管理者对工作不安全感抱有戒备和警惕的状态。然而现实情况是，过于安逸的工作环境可能使得员工丧失斗志，产生懈怠行为。而适度的工作不安全感会使员工产生一定的压力，有利于员工发挥主观能动性来促进自我发展，甚至产生创新的行为来提升自己的能力。因此，组织可以从更多元的视角来面对和管理工作不安全感，比如引入公正公开的竞争和晋升机制，合理调动员工的积极性，与员工一起努力，化危为机。

1.5.2.2 加强对员工的培训

一方面，组织要培养员工的情绪管理能力，指导员工在感知到危机时如何采用应对策略，帮助他们看到困境中的机会以及获得资源的可能性，鼓励员工在情绪劳动时选择深层策略，积极调整内心状态和情绪并与组织要求保持一致，主动、积极地与主管、同事以及客户沟通交流，从而激发员工的创新行为，使员工发挥主观能动性来化解工作不安全感带来的消极影响。另一方面，组织要注重团队反思意识的培养。如果组织无法创造条件来消除员工对工作不安全感产生的种种顾虑时，应为团队成员创造条件，着重培养团队成员的反思意识。"磨刀不误砍柴工"，给团队和员工预留出充足的时间，让他们对所处内部环境和外部环境进行评估，再对团队制定的目标、策略和流程进行集体反思。同时，组织还需要着重培养团队成员的反思意识，以提升团队创新能力。

1.5.2.3 营造支持创新的组织氛围

创新是具有探索性和风险性的。一方面，组织应切实地展现出对员工的关心、赏识、正向反馈，以期使员工更好地感知到来自组织的支持。同时，组织还需要让员工感觉到组织的关怀和重视都是出于真挚的感情和自发的动机，而不是外界压力所迫。这对减少员工流失、提高员工满意度、增强员工工作动力具有重要的意义。另一方面，在组织内营造积极的情绪氛围，更有利于团队成员产生积极的心态和行为，还有助于团队成员习得新知识来解决所面临问题，使他们变得更加乐观且有韧性，也能帮助他们在巩固现有社会联结的基础上，去开发和建立更多新的社会联结。这些因素都有利于帮助团队主动大胆地投入到创新实践中。

需说明的是，本书并不倡导组织通过提高员工的工作不安全感来激发员工创新。在技术、市场政策处于不断调整的情况下，组织无法帮助员工规避和消除所有导致工作不安全感的因素。本书建议组织管理者无须为此而困惑或者不安，无须把工作不安全感视为困扰，而要尝试换一种思路看待此问题，将工作不安全感视为激发员工和团队创新的机会，通过制定合理科学的政策，营造积极的、支持员工的氛围，让员工认识到"事在人为，人定胜天"，激发员工创新的动力。

1.6 结构和内容安排

本书的结构和内容安排如下：

第 1 章为绪论，主要介绍了本书的整体情况。本章首先从企业管理面对的挑战等现实背景出发，结合已有文献对有关问题的研究，提炼出所需解决的问题和本书的逻辑。同时，本章介绍了研究方法和技术路线、研究的理论意义和实践意义，为后续章节的研究奠定基础。

第 2 章为文献综述，主要针对本书所涉及的核心变量的文献进行了回顾。本章梳理了与工作不安全感、创新、情绪劳动、组织支持感、团队反思、团队知识异质性、团队情绪氛围这些变量有关的文献，归纳和总结了各个变量的概念、维度划分、测量以及相关实证研究，并对每个变量的研究现状做出评述。

第 3 章为理论基础。本章介绍了本书模型构建所涉及的理论基础，包括认知评价理论、资源保存理论、团队 IPO 理论和积极情绪扩展-建构理论。本章为后续章节研究的设计、变量因果关系的阐述以及模型的建立提供文献支撑。

第 4 章为研究一：工作不安全感与员工创新行为。本章以压力评价理论和资源保存理论为基础，遵循"员工认知评价→应对策略选择→行为结果"这一思路，从员工层面分析了个体对工作不安全感的认知差异如何引发员工进行情绪劳动策略的选择，进而产生不同的员工创新行为的过程机制，并重点分析了情绪劳动的表层策略和深层策略在其中起到的不同中介作用，验证了组织支持感在此过程中的调节效应。研究一分两个时间点收集到 810 份服务业员工问卷，采用了数据分析方法验证了模型和假设。研究结果表明，工作不安全感既能通过表层策略负向影响员工的创新行为，又能通过深层策略激发员工的创新行为，而深层策略的中介作用更为显著；组织支持感在表层策略和深层策略与员工创新行为之间起到调节作用，即员工感知到的组织支持感越强，表层策略对创新行为的负向影响越弱，深层策略对创新行为的正向影响越强，并验证了被调节的中介效应。本章对研究一的结果进行了分析，阐述了其理论意义和实践意义、研究不足和未来的研究方向。

第 5 章为研究二：工作不安全感与团队创新。本章基于团队 IPO 理论和积极情绪扩展-建构理论，遵循"团队输入→团队过程→团队输出"这一思路，将团队反思这个团队过程的变量作为中介变量，将团队成员的知识异质性和团队情绪氛围作为调节变量，探讨了团队层面的工作不安全感对团队创新的影响机制和边界条件。研究二分 3 个时间点收集到 81 个团队 359 名员工的数据，并结合团队成员自评和直接领导评价的多源数据收集方式，采用了多种数据分析方法验证了模型和假设。研究结果表明，工作不安全感通过团队反思正向影响团队创新，团队知识异质性在工作不安全感和团队反思的关系中起到调节作用。具体而言，在团队产生工作不安全感时，团队知识异质性越高，更容易产生团队反思这一团队过程；团队情绪氛围在团队反思与团队创新之间起到调节作用。具体而言，在团队反思发生时，团队情绪氛围越好，越容易产生团队创新，并验证了被调节的中介效应。本章分析了研究二的理论意义和实践意义、研究不足和未来的研究方向。

第 6 章主要对两个实证研究结果进行了总结和归纳，以此提出本书的理论贡献和实践启示，并呼应了绪论部分的内容。本章也提出了未来的研究方向。

2　文献综述

本章针对绪论部分所提出的研究背景，结合理论与实践的需要，从概念演进、维度、测量和研究现状几个方面，对本书所涉及的变量进行了文献整理和述评。本章先对工作不安全感和创新这两个核心变量进行文献回顾，然后依次对两个子研究所涉及的变量进行文献回顾。

2.1　工作不安全感

2.1.1　工作不安全感的内涵

在近几十年，由于很多欧洲国家和美国的经济体系发生了巨大变化，如工厂关闭、公司重组和临时雇佣的增加，工作不稳定已成为一个相当普遍的社会现象。围绕这一现象，众多学者于 20 世纪 80 年代起便开展了大量的研究（Hartley & Jacobson，1991；Klandermans & van Vuuren，1999）。

工作不安全感有多种定义。简单来说，Greenhalgh 和 Rosenblatt（1984）根据劳动经济学中的就业理论，把工作不安全感定义为"在工作受到威胁的情况下，员工认为无力保持工作连续性的感受"。van Vuuren（1990）把工作不安全感定义为被感知的失业威胁，以及与此威胁相关的担忧。Heany、Israel 和 House（1994）提出，"工作不安全感可以被定义为对当前工作连续性的潜在威胁的感知"。Sverke、hellgren 和 Näswall（2002）把工作不安全感定义为"对与失业相关的重大事件和非自愿事件的主观预期"。总体而言，对于工作不安全感的概念，理论界并没有达成一致意见。根据对现有文献的整理，本书将工作不安全感的概念做如下分类：

2.1.1.1　主观工作不安全感与客观工作不安全感

一些学者从客观的视角来理解和剖析工作不安全感，把社会失业率（Sverke，hellgren，Näswall，2006）、组织变革（Larson，1994）、临时雇佣（Pearce，1998）等作为衡量员工工作不安全感的客观指标，把工作不安全感视为一种现象，并认为它是独立于员工之外的。相比而言，更多的研究从主观视角来理解工作不安全感，认为它是个体对客观现象的一种认知和感知，即一种主观心理现象。工作不安全感与工作丧失的含义不同，它不是指真正丧失工作，而强调员工对现有工作持续性的担忧的这种心理（Ashford，Lee，Bobko，1989；Hartley，Jacobson，1991；Klandermans，van Vuuren，1999）。

此外，一些研究从主观和客观视角理解工作不安全感（Mohr，2000），并得出如下结论：①公众感知到的工作不安全感可能与社会中普遍存在的失业状况相关；②组织层面的工作不安全感可能与组织不稳定的状况相关；③急性的工作不安全感与员工感知到的雇佣关系不稳定相关；④对自身工作存续担忧的感知与组织裁员程度相关。一些学者认为，工作不安全感的主客观之间不存在关联，Pearce（1998）将正式员工和临时合同员工进行比较，发现临时合同员工会感知到更强的工作不安全感，而正式员工的工作持续性更加有保障，其不安全感程度相对较低。

2.1.1.2　急性工作不安全感与慢性工作不安全感

对于组织而言，其所处环境并不是一成不变的，组织也可能经历社会动荡或"黑天鹅"事件。研究表明，组织面临的突发事件或剧烈变革会导致组织的员工突然对自己现有工作前景和持续性产生担忧，即产生急性工作不安全感（Mantler，et al.，2005）。然而，Rocha（2006）的研究认为，组织员工会因为社会宏观环境，如经济萧条、普遍失业率高等，而担心自己的工作前景并产生慢性的工作不安全感。此外，组织的变革也会有不同阶段。若组织的变革历程过长，或组织过分强调优胜劣汰，也会导致员工感到焦虑，担心自己工作的持续性，从而产生慢性工作不安全感。

2.1.1.3　认知型工作不安全感与情感型工作不安全感

情感型工作不安全感强调的是更为感性的感觉，是员工对工作未来稳定性和持续性的情绪和感受，而认知型工作不安全感强调的是一种更为理性的判断和感知，即根据现有情形推断未来工作的稳定性和持续性。Probst（1998）认为，工作不安全感是员工对于工作丧失的可能性的知觉，而这种知觉的认知反应会引发情感反应。认知型工作不安全感更偏重对工作现状的评估，比如面对组织变革，员工因为无法应对而有威胁感；情感型工作不安全感更偏重对工作预期的感受，员工也会因为可能会丢掉工作而有消极的情感（Guo Huahuang，Cynthia Lee，2010）。

2.1.2 工作不安全感的维度与测量

工作不安全感是一个较为复杂的概念，学者对其的测量方式也没有统一。有学者采用单维度的方式来测量工作不安全感，也有学者采用多维度或复合的方式来测量工作不安全感。国内外已经形成以下三种工作不安全感的测量方式：

2.1.2.1 整体测量

部分学者认为可以把工作不安全感视为一个整体，即员工对未来工作持续性受到威胁的感知，以及所引发的担忧。因此，在衡量员工的工作不安全感时，往往只用一个或少数几个条目的问卷来测量。例如，Sverke 等（2002a）曾用"在不久的将来，你认为自己有多大可能失去现有工作?"这一题项来测量员工的工作不安全感程度，但使用此类测量方法的文献相对较少。

2.1.2.2 多维测量

相对于整体测量而言，更多的学者采用了多维测量的方法，旨在较为全面地测量工作不安全感。Roskies 和 Louis-Guerin（1993）开发了五个条目的量表，从中断工作、提前退休、降低职务、恶化工作条件和长期工作不安全感这几个方面来综合考量员工所感知到的工作不安全程度。Borg 和 Elizury 认为，工作不安全感可以从这两个方面来解读：一是从理性的视角出发，测量员工对工作可能丧失的判断和感知；二是从情感的视角出发，测量员工对工作丧失感受到的担忧和害怕的情绪。Hellgren 等（1999）认为，工作不安全感也可以从另外两个视角来诠释：一是对未来工作持续性表示担忧的数量型工作不安全感；二是对自己未来职业发展机会、工作内容、自身工作能力需求和未来待遇等方面表示担忧的质量型工作不安全感。Blau 和 Tatum 等（2004）认为，工作不安全感的构成因素有"工作丧失"（工作的持续性受到威胁）、"人力资本"（员工感知到自己的收入受到威胁）、"工作条件"（员工感知到自己所处的工作环境可能恶化等方面受到威胁）。

2.1.2.3 复合测量

根据 Greenhalgh 和 Rosenblatt（1984）所提出的概念，Ashford、Lee 和 Bobko（1989）编制了一个包含 57 个条目的量表，通过测量工作特征的重要性（17 个题项）、工作特征的感知威胁（17 个题项）、可能的改变对整体工作的重要性（10 个题项）、对整体工作的威胁（10 个题项）、无能为力感（3 个题项）这 5 个方面，评估了员工所感知的工作不安全感。此测量方法具有较大的影响力，很多学者对此量表进行了完善，即可用在自己的研究中，但此量表的不足是过于冗长，缺乏简洁性。胡三嫚（2008）把中国文化背景与 Ashford、Lee 和 Bobko（1989）所编制的量表相结合，对原始量表进行修订，最终以一个 30 个题项的量表呈现出来，更适用于测量中国员工感知到的工作不安全感。

2.1.3　工作不安全感的研究现状

2.1.3.1　工作不安全感的前因变量研究

工作不安全感的前因变量通常分为以下三类：一是宏观层面的因素，如国家或地区的失业程度和组织结构的变化；二是与个人背景特征相关的因素，如年龄、服务年限和职业水平等，这决定了员工在公司中的地位；三是与员工性格特征相关的因素。

虽然很多学者把工作不安全感定义为员工的感知，但工作不安全感不仅包括"头脑中"的东西，而且包括宏观层面的影响因素（Ashford et al., 1989; Hartley et al., 1991）。研究表明，员工对工作不安全感的主观看法与全国失业率之间存在明显的关联（Nätti, Happonen, Kinnunen, et al., 2005）。对不同欧洲国家进行比较的研究也表明，工作不安全感也反映了国家的失业水平和经济状况（De Weerdt et al., 2004）。

此外，工作不安全感与员工的背景特征相关，因为员工的背景特征可以表征其在劳动力市场的地位。Näswall 和 De Witte（2003）的研究表明，蓝领工人、低技能工人、工业部门的雇员和持有临聘合同的人会更容易认为自己没有工作保障，从而缺乏工作安全感。这些关联并非巧合，这些类型的员工被解雇的概率确实更高。这表明，工作不安全感很好地反映了个人在劳动力市场上的客观机会和真实地位。

心理学家更偏向于把人格特征作为工作不安全感的前因变量来进行分析，因为这些变量符合他们的学科观点和专业知识。已有学者从主观视角来定义工作不安全感，并发现员工的情绪、性格等因素都会对其工作不安全感产生影响。由此可见，把人格特征作为工作不安全感的影响因素之一，是符合主观视角的定义的。Hartley 等（1991）的研究指出，员工的情感特征，尤其是那些消极的情感特征，更可能与工作不安全感高度相关，因为表现出消极情感特征的人通常倾向于从消极的角度看待自己和周围的环境。这种态度会蔓延到他们的工作和生活中，所以他们会感知到更多的不安全感。此外，员工的控制点也会发挥作用，有内部控制点的人能够体会到自己对生活的掌握和控制，这减少了他们的工作不安全感。

2.1.3.2 工作不安全感的结果变量研究

鉴于工作不安全感反映的是个体对失去目前工作的担心，这种主观体验很可能会产生强烈的心理影响。对许多人来说，工作是满足经济和社会需求的核心因素。另外，工作能够提供收入来源，加强与社会的联系，并有助于个人发展。可以合理地假设，工作条件的彻底改变，即从安全到不安全，不仅会影响员工的身体和心理状况，导致焦虑加剧和幸福感减少，还可能会影响他们对组织的态度和行为。从长远来看，工作不安全感还会对组织本身的活力产生影响。正如 Greenhalgh 和 Rosenblatt（1984）所言："员工对工作不安全感做出反应，而他们的反应会影响组织效率。"

我们可以把工作不安感的影响分为即时影响和长期影响（Lazarus & Folkman，1984），还可以将其区分为对员工的影响和对组织的影响（Beehr & Newmann，1978），即对个人的即时影响（工作态度）、对组织的即时影响（组织态度）、对个人的长期影响（健康），以及对组织的长期影响（与工作相关的员工行为）。

（1）对个人的即时影响（工作态度）

已有相当多的研究关注了工作不安全感与个人工作态度之间的关系。与认为自己的就业条件更有保障的员工相比，认为自己未来的就业不安全的员工通常对自己的工作更不满意（Lim，1996；Rosenblatt & Ruvio，1996；冯冬冬，陆昌勤，萧爱铃，2008）。然而，研究之间的关联度差异很大。例如，Hollenbeck 和 Williams（1986）的研究就得出了不一样的结论，他们的研究结论表明，工作不安全感与工作满意度之间的相关性是不显著的。

还有一些学者对工作不安全感与工作投入间的关系进行了探究。Hollenbeck 和 Williams（1986）对 112 名销售人员进行了调研，研究结果表明，工作不安全感和工作投入不相关。也有学者发现这两者是中等相关的（Levanoni & Sales，1990；Liou & Bazemore，1994），一些学者发现这两者是显著负相关的（Kuhnert & Palmer，1991；徐宏奇，2014）。

（2）对组织的即时影响（组织态度）

工作不安全感也会影响组织态度，如组织承诺和组织信任。在大多数研究中，组织承诺被认为与工作不安全感负相关（Davy et al.，1997；Iverson & Roy，1994）。而一些研究验证了工作不安全感会显著负向影响组织承诺（Yousef，1998；胡三嫚和李中斌，2010），也有研究证明两者间没有显著关系（Cavanaugh & Noe，1999）。

对于组织信任而言，有学者发现工作不安全感与组织信任负相关（Liou，1995；李正卫，陈力昊，王飞绒，2019）。也有研究证明，工作不安全感显著负向影响组织信任（Borg & Elizur，1992）。此外，还有研究表明，这两者不相关（Robinson，1996）。

（3）对个人的长期影响（健康）

随着工作无保障经历的增加，员工身体健康和心理健康似乎都会受到负向影响（Burchell，1994；张莉，林与川，张林，2013）。研究发现，工作不安全感和身体健康之间存在显著的负相关关系（Noer，1993；贺钊胜，张瑞芳等，2011），相关性的强度可能较弱（Kinnunen & Natti，1994），也可能稍强（Businging，1999）。此外，也有一些研究表明，工作不安全感和身体健康不相关（Seitsamo & Torstila，1997）。

对于工作不安全感和心理不安全感之间的关系，有研究支持这两者间有适度的负向关系（De Witte，1999），一些研究表明，这两者之间有强烈的负相关关系（Larson & Stone，1993；邹桂元，靳新霞，王爱苹等，2019）。然而，还有一些研究没有发现这两者之间有显著的关系（Landsbergis，1988）。

（4）对组织的长期影响（与工作相关的员工行为）

若某一员工感知到较强烈的工作不安全感，通常就会产生"这可能导致自己的绩效受损和离开组织"的想法。有研究认为，工作不安全感会负向影响工作绩效（Abramis，1994；Staufenbiel & König，2010；董甜甜，陈维政，陈玉玲，2019；Chirumbolo, et al.，2020）。也有研究表明，适度的工作不安全感可以提高员工的敬业度和工作绩效（冯卫东，2014）。

工作不安全感还可能对组织产生另一个长期影响，即自愿离职倾向。在感知到工作不安全感后，首先离开公司的通常是那些最有经验的员工，这些员工对组织而言最具有价值，在劳动力市场上也最具有吸引力（Pfeffer，1998）。绝大多数实证研究证明，工作不安全感和离职倾向之间是显著正相关的关系（Ameen，Jackson，Pasewark，et al.，1995；Emberland & Rundmo，2010）。佟玲（2014）的研究表明，工作不安全感的数量型不安全感和质量型不安全感两个维度均对离职倾向有显著的正向预测作用。Lee 和 Jeong（2017）基于社会交换理论，验证了感知到工作不安全感的员工会导致其离职意愿更强。

2.1.4　关于工作不安全感的研究评述

本书通过对工作不安全感的概念、维度、测量、现有研究成果进行梳理，发现以往研究对工作不安全感的界定不一致，有主观和客观之分、急性与慢性之分、认知与情感之分，这种具有差异的界定导致了对工作不安全感的研究结果的不一致。随着劳动力市场特征的不断变化，工作不安全感的概念也需要进一步完善，才能使研究结果具有现实意义。

工作不安全感的前因和后果仍需要探索。以往的前因变量主要包括宏观的经济、劳动力市场因素和组织的变革、雇佣因素，以及员工的差异、员工能力等特征因素。然而，工作不安全感是上述几种因素共同作用的产物，在未来的研究中，笔者将研究这几种因素的交互作用对工作不安全感产生的影响。

对于工作不安全感对员工或组织产生的影响，以往的研究往往把工作不安全感整合到一起，来探究其对员工身心健康、工作态度和行为，以及组织行为方面的影响，并没有对工作不安全感的不同维度如何影响员工或组织进行探究，相关的文献还比较匮乏。未来的研究可以更细致地去探究工作不安全感的各个维度在不同场景中可能产生的潜在效应。

以往研究大多从消极的视角来探讨工作不安全感的结果，验证了工作不安全感可能会导致员工情绪耗竭、健康水平降低、消极的工作态度和行为等。然而，工作不安全感也有可能成为员工进步的动力，如果员工能够对工作不安全感产生积极的认知，就会发挥主观能动性来积极应对危机。

以往研究更多地从员工层面来探讨工作不安全感，强调工作不安全感是员工的主观感知，而对于群体层面的工作不安全感探讨较少。然而，员工不是独立存在的，而是处于团队或集体中的。员工的主观感知也会通过互相交流而传播，从而使组织内部产生一种不安全感。这种群体层面的工作不安全感也可能对员工或者团队产生影响。

2.2 创新

2.2.1 创新的内涵

创新的概念是由奥地利政治经济学家熊彼特首先提出的，他在1912年出版了德文版的《经济发展理论》，这本经济学著作于1934年被译为英文。在此书中，熊彼特在资本主义的生产体系中引入了创新的概念。他认为，创新是一种新的生产函数，即企业、组织和员工为了追求潜在的利润，通过人力资本的运作，重新整合现有的生产要素和条件，并运用到生产体系中（Schumpeter，1934）。《经济发展理论》是熊彼特的成名作，他也被誉为"创新理论"的鼻祖。熊彼特的"五种创新"理念时常被人引用和提及，几乎到了"每每提及与创新有关的话题，必然会涉及熊彼特"的程度。熊彼特所提这"五种创新"包括：新产品的研发、新市场的开拓、新资源的获取、新方法的运用，以及新产业组织形式的实现。

继熊彼特之后，还有很多学者对创新的概念提出了自己的见解。Tushman 和 Nadler（1986）认为，创新不只是技术方面的变动，还应从广义的视角来定义创新，其中包括：新产品的生产、工艺和流程的改良、组织结构的变动、新制度的制定。无论是新产品、新工艺流程，还是新结构、新制度，都需要有一个重要特征，即具有未知属性，超出了主体以往的经验范畴（Robert & Christopher，2001；王忠诚，王耀德，2016）。Freeman（1982）认为，只要是首次在本组织中应用，即使其他组织已使用，也可以被视为创新。

Higgins（1995）认为，创新不仅是员工层面的创新，还可以从组织层面，甚至从行业层面和社会层面来定义创新。创新在不同层面所创造的价值是能被估量的，如营业额上升、成本下降等，也可能创造隐形的价值，如工作效率提高、客户满意度提升等（Annouk & Rudy，2000；李杰义，来碧波，2018）。

然而，Hult（2004）认为，创新不应该仅仅是对结果的考量，它并不是一个单阶段的独立结果，而应被视为一个过程。创新是一个发现问题、不断思考、资源组合、开发新产品、引进新技术的系统过程（Amo & Kolvereid，2005；姚明晖，李元旭，2014）。

2.2.2 创新的维度与测量

由于以往学者对创新的定义存在差异，创新的维度划分和测量方式也有很多种。一些学者认为，创新可以被视为对结果的呈现；一些学者却持有不同观点，认为创新可以被视为一个过程；一些学者采用客观的方式来测量创新；一些学者采用主观的方式来测量创新。

2.2.2.1 维度划分

本书通过整理国内外关于创新主题的文献，发现创新的维度划分方法主要有两阶段、三阶段和五阶段三种。

（1）两阶段观点

两阶段观点认为，创新包括创新想法的产生和创新想法的实践这两个阶段。West 和 Farr（1989）从个人特质方面对创新进行定义，认为创新是指个体因为感兴趣而产生了新的想法和创意，并将其应用到工作、团队或者组织中。国内外很多学者也认同这种观点，并且在原有基础上进行了补充，他们认为创意产生阶段主要是发现问题，寻找、识别机会，产生想法并提出可行性措施；而创意实施阶段主要是发挥主观能动性，寻求资源，说服他人，以获得支持来推动创新，从而获得创新成果（King & Anderson，2002；卢小君，张国梁，2007；顾远东，彭纪生，2010）。

（2）三阶段观点

与两阶段观点不同的是，三阶段观点增加了一个部分，即创意的推动阶段，其含义是寻求资源来推动新想法的实施（Scott & Bruce，1994）。三阶段观点的第一个阶段是员工察觉到工作中出现的问题和不合逻辑之处，或者察觉到外部机会，比如新兴的趋势，这些都有助于产生新的想法。第二个阶段是指把创新的想法推荐给身边的人，包括同事、组织、客户等，即那些能够为自己的创新想法提供支持和帮助的个人和组织。员工甚至还可以创建一个能够为自己创新提供支持的联盟（Kanter，1988）。创新的第三阶段是指创新目的达成，即把创新的结果成功地应用到员工、团队或者组织中（Janssen，2000；Wang et al.，2015）。根据三阶段观点，Scott 和 Bruce（1994）开发了一个包含 6 个题项的量表，旨在考察员工是否会主动寻找新技术、流程，是否会向别人推销和沟通想法，是否会制订合适的计划来实施创新。这个量表在国内外的使用率都较高，有较强的信度和效度。

（3）五阶段观点

Amabile（1983）首先提出了用五阶段的观点来解析创新的含义。他认为，在第一个阶段，问题或矛盾开始出现；在第二个阶段，开始着手寻求方法来解决问题；在第三个阶段，寻求最可行的方案；在第四个阶段，对可行性方案进行评估和试验；在第五个阶段，展示和应用创新结果。此外，Kleysen 和 Street（2001）总结了 28 篇与创新行为相关的文献，提炼出其中的 289 个创新行为，归纳总结出的五个阶段是：第一个阶段，拓展创新来源，探索更多可能性；第二个阶段，根据第一个阶段探索出的可能性，寻找解决方法；第三个阶段，根据第二个阶段所提出的解决方法进行试验，以验证每种方法的实际成效；第四个阶段，根据第三个阶段验证后的可行性方案的需求，去寻求内外部资源来推动和支持创新方案的实施，包括政策支持、人力资源、物力资源、财力资源等；第五个阶段，将通过试验证明有成效的创新方案长期且大规模地运用到组织当中。Kleysen 和 Street（2001）根据五阶段观点，对来自 9 个不同组织的 225 名员工的样本进行结构方程建模，编制了测量员工创新行为的量表，测量了机会探索、创造、形成性调查、支持和应用这五个方面。但是，该量表效度的检验结果并不是很理想。

2.2.2.2 创新的测量方式

学术界对于创新的测量方法还未达成共识。本书通过整理与创新相关的文献，总结出以下四种测量创新的方法：

（1）客观测量法

创新的客观测量可以通过三个方面来评估：其一是根据投入量来评判；其二是根据客观统计数据来评判（Palmer，1997；陈伟，琚泽霞，陶长琪，2018）；其三是根据创新所带来的成果来评判，如用创新所获得的专利数量来评估（Miller，2012；姜友文，2016）。但是这种测量方法不能概括所有创新活动，比如像服务型企业的创新是在服务过程中的改进，或者是在管理方面的创新，这些都无法用客观数据来衡量。

（2）量表调查法

量表调查法是较为常用的一种方法，这种方法可以通过多种形式来测量各种层面的创新，包括组织创新、团队创新和员工创新（Scott & Bruce，1994；Kleysen & Street，2001）。参与调查的人员通过填写调查问卷，对相应的题项进行评级，从而得出创新的程度。量表的填写可以是自评，也可以是同事评价或者领导评价。此外，研究者还可以根据量表制定出访谈提纲并对被访者进行访谈，做出创新的评价（Zhou & George，2001；Weng，Rhay-Hung，2012；Vincent-Höper & Stein，2019；耿丽萍，薛耀文，刘娜，2009；陈志明，李波，2019）。

（3）实验研究法

实验研究法通过系统地操控某个或多个与创新有关的影响因素，并在客观状态下，观测其对创新产生的独立效应或交互效应。对这两种变量出现的实验顺序加以控制，能确定某个变量实际上先于创新出现，从而有利于探索不同自变量与创新的因果关系。张敏（2013）通过实验，模拟了在时间压力的条件下，项目执行者所感知的时间压力与其创新行为之间的关系。廖玉玲和张亮（2016）运用实验的研究方法，模拟了在差异化的初始资源组合下，企业会产生何种技术创新合作行为，以探究在技术创新合作过程中，企业在资源方面的投入情况。结果表明，竞争加剧导致实力相当的公司在研发方面的投资显著增加，但会减少落后企业的研发投资。Julia、Brüggemann 和 Paolo（2016）等设计了一个实验，对知识产权是促进创新还是阻碍创新进行了讨论。他们通过一个新颖的拼字式单词创建任务来评估企业的创新。结果表明，知识产权阻碍了创新，特别是对于创新过程具有较强顺序性的部门。

（4）案例研究法

案例研究法更偏向于定性研究，一般选择一个或几个场景为对象进行深入研究，以了解研究问题在实际环境下的情况。相较于其他研究方法，案例研究法着重对研究问题的检视，不会控制或介入事件，可以保留全面性和整体性，并发现有价值的特性。近年来，有很多研究开始采用案例研究的方法，来系统描述和展示创新活动。Callon（1980）以法国的电动汽车为案例，探讨了技术创新的问题。Hellström 和 Nilsson（2011）以宜家为研究对象，识别和描述零售供应链中物流驱动的包装创新的战略潜力。陈作章、贝政新和周晨（2013）运用案例研究的方法对苏州地区商业银行的科技融资情况进行了实地考察，探究商业银行科技支行业务创新情况。王山、张慧慧、李义良等（2019）基于众创的背景，把荣事达集团作为研究对象，探究了中国企业集群创新的模型。李燕琴、陈灵飞和俞方圆（2020）基于消费者体验价值共创理论，把"飞猪旅行"作为研究对象，探讨了旅游营销的运作模式和创新路径。

2.2.3 创新的研究现状

组织是多层次的系统，创新也可以分为不同层次，包括组织创新、团队创新和员工创新。基于团队的方式开展工作，在组织里已非常普遍，团队是将员工的创意和创新转化为技术、产品、服务的基本单位。员工创新是团队创新的基础，但团队创新并不是员工创新的简单相加。员工创新水平都高，团队创新水平不见得一定会高，因为团队的创新还会受到团队成员互动情况、团队过程和团队氛围等因素的影响。员工创新和团队创新的影响因素和形成机制都是有差异的，所以本节将把员工创新和团队创新的研究现状分别罗列出来。

2.2.3.1 员工创新

笔者通过梳理以往与员工创新相关的文献，发现其影响因素大多可以归为个体因素和情境因素这两个方面。

（1）个体因素

个体因素主要包括人格特征、认知风格、思维方式、知识能力、心理状态、动机等。

①人格特征。在人格特征方面，众多学者普遍认为五大人格理论包含的外倾性、神经质、开放性、宜人性和尽责性都会对员工创新产生不同影响。其中，外倾性人格有助于员工产生较多的创新行为（Feist，1998）。钟熙、王甜和彭秋萍（2019）对大学生创新创业能力进行研究，发现外倾性、开放性人格都与创新能力显著正相关，而神经质人格与员工的创新行为没有相关性。Messman 和 Mulder（2011）对高等职业院校教师的创新能力进行研究，发现开放性人格有助于员工发现创新机会和创造创新条件。姚艳虹和韩树强（2013）通过对 340 名企业员工的样本进行研究，验证了外倾性、尽责性、宜人性、开放性均会正向影响员工的创新行为。Geogre 和 Zhou（2001）发现，如果员工处于领导密切监管和同事不支持的情况下，尽责性的人格会使其产生更少的创造性行为。

②认知风格。认知风格是个人行为的重要影响因素，是员工在认知过程中习惯化和常态化的一种行为模式。认知风格与智力的相关性不强，主要与员工的知觉、解决问题的态度和表达方式有关。Kirton（1994）根据适应-创新理论来解读员工的创新行为，他认为适应性认知风格会导致员工更加适应工作中已有的模式和规定，习惯从事常规和简单的工作，这种认知风格会导致员工创新行为减少。而具有创新性认知风格的员工会倾向于打破常规，喜欢从事有挑战性和复杂的工作。罗瑾琏、王亚斌和钟竞（2010）通过对 101 家企业的 289 名主管、759 名员工进行问卷调查，发现员工的认知方式会影响其创新行为，特别是认知方式直觉维度能够正向影响其创新行为。Ettlie 和 Groves（2014）通过对美国和法国商学院的学生进行问卷调查，验证了线性的、非线性的认知风格和平衡思维与创新意图、创新行为之间的关系。孙健敏和王震（2009）通过对以往 30 年的文献进行梳理，从人与组织匹配的视角出发，探究了员工的不同认知风格如何对自身创新行为产生影响。

③思维方式。简而言之，思维方式是指员工的一种理性认知方式。人们通过观察外界环境来获得信息，再进行一系列分析、加工，以形成应对策略。思维方式的迥异势必会导致员工创新结果的差异。Scott 和 Bruce（1994）认为，如果员工拥有注重逻辑性、遵守惯例的系统性思维方式，他们在处理与工作相关的问题时会采用传统和保守的解决方式，这不利于员工产生创新行为。刘彦生（2004）认为，不遵循规则和规律而重视想象和直觉的思维方式有助于员工产生创新行为。此外，批判性思维是一种具有代表性的思维方式，是一种辨明或判断的能力，是一种理解和分析事物的思维态度。Jiang 和 Yang（2015）通过研究员工创新想法的产生过程和解决方案的提出，验证了个人批判性思维对其工作创造力的价值。屠兴勇、林玎璐和江静（2019）根据社会认知理论，采用配对数据调查的方法，证明了批判性思维在管理者行为与员工创新的关系中起部分中介作用。

④知识能力。员工的知识储备和所拥有的技能都是创新的关键组成部分，是创新的基础。Howell 和 Boies（2004）通过采取与 19 对冠军和非冠军配对的访谈方式，考察了冠军在创新过程中所起的作用，并验证了角色定位和背景知识在此过程中的影响，发现灵活的角色定位与创意正相关，而背景知识与包装促销创意正相关。李文亮（2015）在其博士论文中证明了企业想要实现突破性创新，就离不开知识的获取，然而不同特征的知识

会对突破性创新产生不同影响。具体而言，囊括新创意和新思想的复杂性知识能够带来突破性创新，而特定场景中的隐性知识不能直接影响突破性创新。Choi（2004）通过向管理学的学生及其导师收集纵向数据，发现创新行为与对创造性气氛的渴望、实际创造性能力这两个因素显著相关，场景满意度则受到当前的创作氛围、所需的创作能力这两种具有环境特征的因素的强烈影响。邢楠楠和田梦（2018）通过向山东省 6 所高校的科研教师发放问卷，发现高校科研教师的组织学习能力对其创新行为具有正向影响。

⑤心理状态。以往学者主要研究员工的积极情绪或消极情绪对其创新行为的影响。学者们普遍认为，积极情绪会促进创新行为，消极情绪会阻碍创新行为，但也有学者提出相反的观点。具体而言，Amabile 等（2005）认为，喜爱、愉悦、热情等积极情感可促进员工多元化思考问题，有助于员工使用创新方法解决问题。周文莉、顾远东和唐天真（2020）基于社会认知理论，验证了在中国背景下，企业研发人员的积极情绪对其创新行为有显著正向影响。Lee、Jeong 和 Suh（2014）研究了负面情绪对创新活动的影响。他们提出了离散的消极情绪与创新活动之间关系的假设，通过收集 84 918 个客户的想法，随后使用所开发的负面情绪词汇进行术语匹配，以计算负面情绪强度。研究结果表明，消极情绪会显著影响创新活动。随着负面情绪强度的增加，其负向影响也随之增加。顾远东、周文莉和彭纪生（2019）以 472 名高新技术企业员工为调研对象，证明员工的消极情绪会对其创造力产生显著的负向影响，但在"低组织认同和低职业认同"条件下，员工的消极情绪对其创造力却产生了正向影响。然而，Georg 和 Zhou（2002）得出了相反的结论，他们通过在一个开发创意设计和制造技术的组织中收取员工样本得出结论，其研究结果表明，当组织对员工的创意表现奖励较低时，员工的消极情绪与创造力正相关；当组织对员工的创意表现奖励较高时，积极情绪与创造力负相关。

⑥动机。动机是一种能够指引员工活动方向并维持员工活动的动力。根据驱动因素的不同，动机一般可以分为由内在刺激引发需求的内在动机和由外部刺激引发需求的外在动机。受内在动机驱动的员工会更容易激发驱动力，认为工作是吸引人的、有趣的和具有挑战的，因此员工会更愿意投入时间和精力，不怕困难，更容易产生创新行为（Messmann & Mulder，2011）。董念念和王雪莉（2020）基于自我决定理论和耶鲁态度改变理论，

采用多时点和多来源配对的数据收集方式，最后获得了 251 份问卷。研究结果表明，如果创意提出者拥有较强烈的内在动机，其提出的创意会呈现出较高的质量。而受外在动机驱动员工是被迫的，这种驱动的持续时间不会长久，员工的积极性和主动性都会受影响，进而不利于创新行为的产生（Amabile，1997）。王辉和常阳（2017）把员工的内在动机和外在动机同时纳入模型，收集了 50 个企业及其 323 名员工的数据，探讨了组织创新氛围与工作动机对员工创新行为的影响。

（2）情境因素

情境因素包括组织外部因素（如经济形式、政治形式、社会价值等）和组织内部因素（如工作任务、组织氛围、领导风格等）。此处仅说明组织内部因素。

①工作任务。组织和领导分配给员工的工作任务是简单还是复杂，是具有挑战性还是比较常规，都会对员工的创新行为产生影响。Tierney 和 Farmer（2002）认为，复杂的和具有挑战性的工作任务会激发员工的热情，促使他们产生创新行为。Shally 等（2009）基于互动主义的观点，研究了工作的复杂性如何影响员工的创造力。Audenaert、Vanderstraeten 和 Buyens（2017）通过一家比利时公共服务机构的滞后数据，调查了 80 多个工作岗位和 1 000 多名员工，探究了工作特征与内在动机的相互作用对个人创新的影响。李宏贵和李悦（2018）从任务与制度环境的视角出发，探讨了新创企业的创新逻辑、创新行为及创新绩效之间的关系。

②组织氛围。组织氛围能使员工感觉到所处环境是积极还是消极的，自己的行为是不是能获得支持，组织是否鼓励创新等，这些因素也会对员工产生影响。大多数研究都证明了积极的氛围对创新行为具有促进作用。Chen、Xie 和 Chang（2011）指出，组织支持创新的氛围会激发员工投入到创新活动中。顾远东和彭纪生（2010）收集了 478 名在职员工的数据，数据分析结果表明，组织创新氛围除了能直接激发员工的创新行为，还能通过激发员工的创新自我效能感，使员工积极投身到创新行为中。Yu 等（2007）的研究表明，组织的良好氛围会使员工之间的互动更加轻松，进而促进创新。谢礼珊、方俊和林勋亮（2011）通过向一家旅游电子商务企业 320 名员工进行问卷调查，发现员工的自我效能感和组织学习氛围会促进员工产生创新行为。然而，Nam、Anderson 和 Veillette（2009）研究了一组可能抑制员工创造力的工作环境特征。他们通过收集不同行业的 123 名

加拿大员工数据，验证了厌恶型领导和不支持型组织氛围与创造力负相关，而密切监控与创造力正相关。

③领导风格。组织中的领导风格不尽相同，不同的领导风格也会对员工行为产生影响。Escrig 和 Broch（2016）收集了西班牙的一家公司的数据，验证了利他型领导行为会提升组织的学习能力，从而有助于创新行为的产生。Si 和 Wei（2012）通过收集中国一家大型跨国公司的 93 个团队，包括 465 名团队成员和 93 名团队主管的数据，验证了变革型领导和团队授权氛围与下属的创新绩效正相关，而交易型领导与下属的创新绩效负相关。韩翼和杨百寅（2011）关注的是真实型领导风格与员工创新行为之间的关系，他们认为真实型领导把自身积极的心理状态和价值观与组织的情况有机结合起来，这有利于激发员工的自我意识，激发创新行为。他们以电力企业的员工作为研究对象，收集到 297 份领导与员工的配对问卷，验证了他们的想法。陈晨、时勘和陆佳芳（2015）关注的是变革性领导风格对员工创新行为的影响。他们从认知机制理论和内在动机理论的视角出发，认为变革型领导会通过自身魅力和感召力来与下属进行良性互动，并通过对员工的个性化关怀等方式使员工产生更强的主观能动性，继而最大限度地挖掘自身潜能来进行创新活动。他们以中国科学院的科研团队为研究样本，用 237 份科研人员与其领导的配对数据验证了提出的假设。

2.2.3.2 团队创新

在员工创新部分提及的影响因素也会对团队创新造成影响，在此就不再赘述。与员工创新相比，团队创新的特殊性，如团队的组成、团队的互动过程和团队的氛围等，也会对团队创新的结果产生影响。

（1）团队的组成

为了完成组织安排的任务，团队成员需要协作才能达成目标，团队成员包括具有不同专业知识的人，他们的专业知识和技能在行动过程中会发挥作用（Earley & Mosakowski，2000），进而有助于产生创新行为。功能异质性会激发团队成员与外部的交流，从而为团队提供了更多的信息资源和知识（Drach-Zahavy & Somech，2010）。彭凯和孙海法（2012）基于知识基础的企业观视角，探究了 R&D 团队的知识多样性如何通过知识分享和整合，促进团队研发创新。然而，一些学者从社会冲突的角度出发，提出了相反的研究结论，认为团队成员的多样性会阻碍团队创新活动。Randel 和 Jaussi（2008）研究了性别差异、性别认同和关系冲突之间的相互关系。

研究表明，团队成员差异程度越高，团队的人际冲突就越激烈，而冲突不利于团队创新的产生。此外，团队成员的多样化还可能形成内群体和外群体，Van Knippenberg 等（2004）构建了 CEM 模型，研究发现，团队多样性带来的群体间偏见会破坏对任务相关信息和观点的深度处理，所导致的人际冲突不利于团队创新。

（2）团队的互动过程

团队在完成组织安排的工作任务的过程中，需要团队成员通过认知、语言等方式进行互动和协作，才能把资源转化成团队结果，从而实现团队目标。Drach-Zahavy 和 Somech（2001）通过对中小学 48 个团队的样本进行研究，主要考察了团队互动过程和团队结构对团队创新的影响。研究表明，团队交换信息、团队学习、团队激励和团队谈判等互动过程能对团队创新产生积极的影响。Dreu 和 Weingart（2003）通过一项元分析，验证了关系冲突、团队绩效和团队成员满意度之间存在强烈的负相关关系，而冲突的产生不利于团队创新。张文勤和孙锐（2012）认为，团队反思是影响团队创新的重要因素，他们通过对国内企业进行访谈，开发了以高新技术企业为背景的团队反思问卷，并验证了团队反思的任务反省、过程反省与行动调整这三个维度均会对团队创新产生影响。

（3）团队的氛围

团队的氛围强调的是团队成员的一种共同感知，良好的团队氛围是团队创新活动的隐形动力。Milliman、Taylor 和 Czaplewski（2002）重点讨论了跨国企业在其不同业务部门和跨文化团队中实施重要管理实践所面临的挑战，研究表明，较好的团队氛围能够避免误解，从而改善团队创新绩效。刘小禹和刘军（2012）通过对 85 个团队的领导及其 475 名成员进行配对数据收集，发现团队积极情绪氛围会增强团队效能感，进而激发团队成员进行协作和创新，从而提高团队的创新绩效。隋杨、陈云云和王辉（2012）以 51 个工作团队为研究样本进行实证研究，结果表明，团队创新氛围能激发团队创新效能感，进而正向影响团队创新绩效。Xie（2018）通过对电气工程行业的 68 933 个研发团队进行数据收集，发现团队熟悉度和团队创新之间的关系成倒"U"形，即最佳创新绩效在中等熟悉度的团队产生。张建卫和赵辉（2018）通过在理工科大学生中的 80 个科技创新团队进行数据收集，发现团队创新氛围既能直接提升团队的科学创造力，也能通过团队内部动机提升团队的科学创造力。

2.2.4　关于创新的研究评述

基于对国内外与创新有关的文献的梳理，笔者发现，创新是一个多维的概念，无论是从员工层面还是团队层面的研究，都已从个体因素、组织因素、情境因素或是交互效应等方面研究了其对创新的影响。但还有一些研究空缺可以补充，以完善与创新相关的研究。

对于同一因变量是否会对员工创新或者团队创新产生影响，以及是否会通过不同的中介机制对不同层次的创新产生作用，以往研究还相对较少。本书填补了这一空缺，探讨了工作不安全感如何通过不同的作用机制对员工创新和团队创新产生影响。

以往研究以决策力理论、社会认知理论、行为理论等为逻辑出发点，探究了个体创新行为的产生路径。然而，我们还可以从其他理论出发研究创新行为的不同产生机制。本书从认知评价理论出发，探讨了服务业员工在产生工作不安全感时，通过不同的认知评价产生不同的情绪劳动应对策略，进而对自身创新行为产生不同影响。

2.3　情绪劳动

在当代社会中，服务业迅猛发展，逐渐成为社会、经济体系中不可或缺的组成部分，服务经济的指数增长使组织研究人员对服务业员工的关注越来越多。服务业员工需要与客户进行面对面的交流，员工的表现会影响客户的满意度和忠诚度，并对企业的生存与发展产生至关重要的影响（Singh，2000）。服务业员工在工作时，需要遵循"顾客永远是对的"原则（Morris & Feldman，1996），以建立和维持良好的服务和企业形象。服务业员工除了需要付出脑力劳动和体力劳动，还需要表现出积极的情绪状态，即付出"情绪劳动"。为与这一管理实践相适应，不论是社会学领域、心理学领域，还是组织行为学领域都刮起了一场"情感革命"的风暴，与"情绪劳动"相关的话题得到了越来越多的学者的关注和探讨。

2.3.1 情绪劳动的内涵

情绪劳动的雏形可追溯到 1975 年，社会学家 Arlie Russell Hochschild 发表了论文 *The sociology of feeling and emotion: selected possibilities*，她在这篇文章中提出了"情绪工作"（emotion work）的概念，指出人们需要根据情感规则来调整自身内心的感受和外在的行为表达。

1979 年，她发表了一篇关于工作和家庭角色中情绪管理的文章，把情绪工作进行了界定，即"个人采取行动以试图改变情绪或感觉的程度和质量"，指出情绪工作不是最终的结果，而是心力的付出和努力。在这篇文章里，她指出情绪可被商品化，并提出了两个重要概念：①感受规则，是指员工在具体场景中感受到与场景一致的情绪，可被理解为情绪感受的适合性，如与朋友见面感受到的愉快情绪；②表达规则，是指员工在具体场景中表达出与场景一致的情绪，可被理解为情绪表达的适合性，如受到他人辱虐表达出愤怒的情绪。基于感受规则和表达规则，Hochschild（1979）也把情绪分为员工体验到的内心情绪和在公开场合员工表现出的情绪。这些研究为情绪劳动概念的提出做了良好的铺垫。

1983 年，Hochschild 基于对航空公司的空乘的调研，出版了一本具有开创性的著作——*The managed heart: Commercialization of human feeling*。在这本书里，她正式提出了"情绪劳动"（emotional labor）的概念，即员工对自身情绪进行管理，以在公众面前展示出可见的面部表情和肢体表达。Hochschild 认为，员工情绪劳动是具有交换价值的，员工通过"出售"其情绪劳动以获得报酬和工资。情绪不再是员工的内在感受，而是组织所要求的状态，管理好自己的情绪是他们工作内容的组成部分。这也使得情绪劳动可以与脑力劳动、体力劳动相提并论又相区分（Hochschild，1983）。

Hochschild 分别在 1990 年和 1993 年对情绪劳动的内容进行了更深入探究，她把"情绪劳动"和"情绪工作"的差异做了更清晰的区分，解决了之前这两个概念混淆的问题。情绪工作通常是指在私人生活中员工的情绪管理。而情绪劳动更强调在职场中，尤其是在服务行业中，员工为了获取工资和报酬而对自身情绪进行管理。此外，Hochschild 还把情绪劳动更明确地界定为知晓、评估和管理自己和他人的情绪。

在 Hochschild 的研究基础上，众多学者展开了更广泛和深入的研究，从不同的视角出发，既丰富了情绪劳动的内涵，又扩展了其定义。不同学者对情绪劳动的定义如表 2-1 所示。

表 2-1　不同学者对情绪劳动的定义

研究者	定义
James（1989）	一种涉及处理他人情绪的劳动，其重点在于情绪的调节
Ashforth 和 Humphrey（1993）	一种对情绪表达的适当行为，而不是情绪感受，要求"符合组织所需要的展现规则"
Wharton（1993）	情绪劳动工作者与顾客沟通的媒介是声音或肢体语言；表达出的情绪状态需要符合组织规范且可被管理者控制
Morris 和 Feldman（1996）	在与他人交往中，要控制自身情绪以展现出符合组织所期望的情绪
Bailey（1996）	展现出的情绪要符合工作角色要求，以及组织所期望的外在形象
Ashforth 和 Tomiuk（2000）	员工按照组织的展示规则或情感需求来规范和展示自己在工作中的情绪表达行为
Grandey（2000）	情绪劳动是一个过程，是员工为了达到组织目标，自主地调整内心情绪感受和外在的情绪表达
林尚平（2000）	通过自主地调整内心真实的情绪感受和对他人展现的情绪，进而影响他人感受，最终达成工作目标
Diefendorff 和 Gosserand（2003）	从控制论的角度对情绪劳动进行分析，认为情绪劳动是一种可被察觉到的行为，且是一个动态的加工过程
吴宗佑和郑伯壎（2003）	依据工作考核的要求，员工在工作中、人际交往中付诸心力并对自身的情绪进行调节
Glomb 和 Tews（2004）	情绪劳动包括面部表情和肢体语言展示，可被他人察觉，由真实的情绪展示、虚假的情绪展示、情绪抑制三个部分组成
胡君辰和杨林峰（2009）	员工在工作中，遵循情绪展示规则，伪装自身情绪，从而使客户感到愉快
莫申江和施俊琦（2017）	情绪劳动是服务业一线员工的一项重要工作任务，情绪劳动的表现形式可包含表层扮演和深层扮演，且可被测量
刘喆和杨勇等（2018）	服务业员工的"特殊劳动"包括三种形式：表层扮演、深层扮演和真实情绪表达

资料来源：笔者根据相关文献整理而得。

由表 2-1 可以看出，情绪劳动的定义并没有统一，不同学者的关注点不同，研究的视角也有所不同，在情绪劳动定义的研究中，中国学者对情绪劳动的研究相对于西方学者更晚一些，在情绪劳动的概念上借鉴了国外学者的定义，并结合中国具体情况进行了研究。综上可知，情绪劳动的定义在大体上较为接近，且不同定义可互为补充，这使得情绪劳动的定义得到了扩充，并逐渐趋于完善。

2.3.2　情绪劳动的维度与测量

情绪劳动的维度划分犹如情绪劳动的定义一般，在学界还尚未达成共识，众多学者根据自己的研究和理解，对情绪劳动的维度进行了不同的划分。不同的维度划分方式引申出不同的测量方式，后续相应的量表开发使得情绪劳动可以被量化，为更多学者展开实证研究奠定了基础，推动了情绪劳动研究的发展。总体来说，学术界主要从两个维度、三个维度和多个维度对情绪劳动进行划分。

2.3.2.1　两个维度

Hochschild（1983）首先把情绪劳动划分为两个维度，即表层行为策略和深层行为策略。表层行为策略是指当员工感受到的真实情绪与组织要求展现出的情绪规则不一致时，员工只是调节自己的外在情绪表达，如声音、面部表情、肢体语言等，以符合组织要求；而深层行为策略是指当员工感受到的真实情绪与组织要求展现出的情绪规则不一致时，员工需要调节自身内在的真实想法和情绪，使其内心认知符合组织要求。Tolich（1993）也把情绪劳动划分为两个维度，即受约束的情绪管理和自发的情绪管理。受约束的情绪管理是指员工情绪管理的控制权属于他人，一般是指被雇主所掌控和约束；而自发的情绪管理是指员工情绪管理的控制权属于自己，员工自己可以掌控和管理自己的情绪。此外，Pugliesi（1999）把情绪劳动划分为两个维度：其一是聚焦自我的情绪劳动，这个维度侧重于员工对情绪的监管和调节；其二是聚焦他人的情绪劳动，这个维度侧重于旁人对自身情绪的影响。具有代表性的两维度情绪劳动量表是 Brotheridge 和 Lee（1998）开发的情绪劳动量表，简称 ESL，此量表共包含 12 个题项。Brotheridge 和 Grandey（2002）对此量表进行了验证，使得量表的信度更高。

2.3.2.2　三个维度

Ashforth 和 Humphrey（1993）基于 Hochschild 的划分基础，把情绪劳动划分为三个维度，除了表层行为、深层行为，还增加了一个维度，即真实情绪表达。他们认为虽然真实情绪表达不需要员工有意识地去调节自己的情绪，但这也可作为情绪劳动的策略之一。但在后续研究中，有学者指出真实的情绪表达也需要付出努力，只不过在程度上更轻一些。从三维结构出发，具有代表性的量表是 Diefendorff、Croyle 和 Gosserand（2005）开发的包括 14 个题项的情绪劳动量表，其中测量"表层扮演"维度的 Cronbach's α 的系数为 0.91；测量"深层扮演"维度的 Cronbach's α 系数为 0.82；测量"展现真实感受的情绪"维度的 Cronbach's α 系数为 0.75，可见量表具有较高的信度。

2.3.2.3　多个维度

Morris 和 Fledman（1996）认为，情绪劳动包含四个维度：情绪表达的多样性、情绪展现的频率、专注情绪展现规则的程度和情绪失调。Glomb 和 Tews（2004）把情绪劳动划分为六个维度。他在之前学者的研究基础上，把情绪劳动细分为真实的积极情绪展现、真实的消极情绪展现、虚假的积极情绪展现、虚假的消极情绪展现、积极情绪抑制和消极情绪抑制这六个维度。Zapf 等（1999）把情绪劳动划分为七个维度，包括：积极情绪展现、情绪展现的多样性、敏感度要求、同理心、情绪失调、规律性和互动控制。此外，Brotheridge 和 Grandey（2002）把情绪劳动划分为多个维度：①聚焦工作的情绪劳动，包括频率、持续度、强度和多样性等人际互动方面的要求；②聚焦员工的情绪劳动，包括与员工相关的表层扮演和深层扮演。其中比较有代表性的是 Glomb 和 Tews（2004）根据他们对情绪劳动的定义和维度划分所开发的六维度量表，每个维度测量的 Cronbach's α 系数均大于 0.80，量表信度较高。

2.3.3　情绪劳动的研究现状

自情绪劳动被 Hochschild 提出之后，诸多学者对其前因变量和结果变量进行了研究，以探究什么因素会促使员工产生情绪劳动并导致员工采用不同的情绪劳动策略，员工产生情绪劳动或使用不同策略后又会对自身或组织产生怎样的影响。这些探讨对深化情绪劳动的研究具有重要意义。

2.3.3.1　情绪劳动的前因变量研究

通过梳理国内外学者对员工情绪劳动的前因变量研究，笔者发现大多研究集中在个体差异、外部情境和组织因素这三个方面。

（1）个体差异

①人口统计变量。以往研究发现，员工的性别、年龄、学历、工作年限等因素都会对情绪劳动及策略选择产生影响。Hochschild（1983）指出，相较于年轻的员工，年长的员工更了解组织所要求的情绪展现规则，更可能采用深层策略，且在采用表层策略时也更不易被察觉。Morris 和 Fledman（1996）指出，相较于男性员工，女性员工产生情绪劳动的频率更高且付出的努力更多。

②个体特质变量。Diefendorff、Croyle 和 Gosserand（2005）重点考察了个体的性格因素、情境变量与三种情绪劳动策略表现出的一致或不同的关系模式。研究发现，拥有较强责任心的个体、性格更活泼的个体选择情绪劳动表层策略的概率更小，而具有神经质人格的个体更偏向于使用表层策略。此外，他们还验证了性格活泼的个体会更大概率地选择深层策略或对他人表露自己的真实情绪。Bono（2007）则通过实验研究的方式，包括采取监测被试者的心率等措施来分析具有神经质、外倾性或者自我监控的个体特征与其浅层行为和深层行为是否有关联或差异。这些数据为证明人格特征在有效的情绪表现中能起到作用提供了支持。林川和黄敏儿（2011）采用了 2×3 的组间设计，探究了特质应对（积极和消极）与展现规则（积极、消极和无规则）对情绪劳动的影响。Kiffin-Petersen、Jordan 和 Soutar（2011）关注了大五人格与情绪劳动、公民行为之间的关系。研究发现，情绪不稳定的个体倾向于使用表层策略，因为情绪不稳定的个体更有可能出现情绪衰竭的情况，相比之下，和蔼可亲且外向的个体更愿意选择深层策略。Mróz 和 Kaleta（2016）则通过收集波兰相关企业 137 名服务业员工的数据，探究人格特征与情绪劳动、工作投入、工作满意度之间的关系。此研究的结论与以往学者的研究结果一致。

③情绪智力。Austin 和 Dore（2008）发现，情绪智力高的个体通过较好地使用和调整情绪劳动策略，进而以更良好的情绪展现方式来服务顾客，从而提高顾客的满意度。Yin、Lee 和 Zhang（2013）则关注教师群体的情绪智力与其情绪劳动的关系，通过收集 1 281 名中国教师的调查问卷，发现教师的情绪智力可以正向预测教师的深层行为和自然感受情绪的表达这两个情绪劳动的维度，但对老师表层行为的影响不显著。王心怡、王乾宇和张月娟（2018）把军校学员骨干作为研究样本，研究发现，情绪智力会负向影响表层行为，但与深层行为呈显著正相关关系。

④共情。共情的员工更容易接受他人的观点，关心他人的福祉，并以传达同情和理解的方式与他人交往，而不必有意识地调节他们的情绪。Zaki（2014）扩展了这一研究，发现共情会影响员工的情绪调节，使得共情的员工表现出更真实的情绪和更少的表面行为。王阳、温忠麟和肖婉婷等（2018）通过对 253 名幼儿教师发放问卷，发现情绪共情会正向影响情绪劳动。

（2）情境因素

①工作性质。员工所在组织的性质会直接影响员工产生情绪劳动的程度和频率。Leidner（1999）发现，在服务型企业中，雇主会规范和试图掌控员工的情绪，员工往往会按照企业所规定的表达规则与顾客进行互动和交流，员工产生情绪劳动的频率势必会增加。Diefendorff 等（2003）认为，组织中的工作流程、工作标准等规范化程度越高，员工会越小概率地选择深层行为，因为在规范化程度高的工作环境中，员工的自主性会较弱。

②顾客行为。在服务型企业中，员工与顾客的交流和互动是常规的工作内容之一。Kruml 和 Geddes（2000）认为，情绪劳动包括常被提到的"情绪不和谐"，以及较为新颖的"情感努力"两个结构，并通过 358 份调查问卷证明顾客情绪表达也会使员工的情绪劳动发生变化，员工感知到的顾客情感与自身的情绪努力和情绪失调之间是负向影响的关系。Totterdell 和 Holman（2003）也关注了顾客情绪与员工情绪劳动之间的关系，并指出如果顾客对员工表现出消极的情绪，那么员工更大概率会用表层策略来回应顾客。刘喆、杨勇和唐加福（2016）则关注了导游行业员工的情绪劳动，主要探究了在员工和顾客的互动中产生消极和负面事件的情况下，如何对员工的情绪劳动策略选择产生影响。他们通过对 222 名导游进行问卷调查发现，员工会通过归因到不同主体，如顾客、自身和第三方，进而选择不同的情绪劳动策略。

（3）组织因素

①情绪表现规则。当内心真实的情绪体验和所处的场合的要求矛盾时，员工则不得不对自身情绪进行调整，比如产生表层行为或深层行为，以表现出符合组织要求的情绪（Grandey，2002）。Brotheridge 和 Lee（2003）则指出，一般来说，组织不仅要求员工表露出愉悦的情绪，还会要求员工在工作中克制住自己的消极情绪，这与情绪劳动的表层行为和深层行为均为正相关。但是，Diefendorff 等（2005）的研究表明，积极的情

绪表现规则能够使员工具有高的真实感，导致员工产生深层行为；而消极的情绪表现规则会降低员工的真实感，导致员工产生表层行为。Diefendorff（2006）认为，员工表露积极情绪和消极情绪的表现规则的差异对情绪劳动有着不同且重要的作用。刘朝、刘沁薇和王赛君（2013）通过对银行柜员进行调研，发现积极情绪的表达规则均会正向影响员工的浅层行为和深层行为；抑制消极情绪的规则会正向影响浅层行为，会负向影响深层行为。

②组织认同。Ashforth 和 Humphrey（1993）认为，若员工在内心能较高程度地认同组织，那么这些员工会在工作时更自觉地调整自身行为以符合组织角色期望，从而展现出更加真实的状态，会更大概率地使用深层扮演的策略。但 Totterdell 等（2003）的研究得出了不同的结论，认为组织认同不会影响员工的情绪劳动。贺伟婕、何华敏和张林（2016）通过对重庆市主城区的 450 名销售人员进行调研，发现员工的自我效能感会通过组织认同正向影响情绪劳动的深层扮演策略和自然扮演策略。

2.3.3.2 情绪劳动的结果变量研究

以往学者对情绪劳动结果变量的研究主要涉及对员工的影响和对组织的影响。

（1）对员工的影响

①情绪耗竭。较多学者认为，员工的情绪劳动与情绪耗竭具有较高的相关性。一般来讲，使用表层策略的员工的真实感受与外在情绪表现相背离，会导致情绪失调。而使用深层策略的员工的真实情绪与外在情绪表现是一致的，故不会导致情绪耗竭（Brotheridge & Lee，2003；Grandey，2003）。相似地，Grandey 和 Fisk（2005）也认为，深层行为的采用会使得员工内心的真实情绪和组织要求展现的积极情绪一致，员工也会变得更加积极和愉悦，从而降低情绪失调可能性，也不会导致情绪耗竭。胡君辰和杨林锋（2009）基于中国国情，再次验证了先前学者的观点，即情绪劳动的表层行为会正向作用于情绪耗竭。然而，深层行为是一种资源补充和获得的过程，因此，深层行为和情绪耗竭负相关。李伟、梅继霞和熊卫（2020）通过对 479 名银行柜员进行问卷调查，发现情绪智力通过情绪劳动策略中的表面扮演和深度扮演，间接对情感耗竭产生影响。

②工作满意度。情绪劳动表层策略的使用所导致的情绪失调会使得员工感知到巨大的压力，从而使员工对现有工作的满意度下降（Rutter &

Fielding，1988）。Pugliesi（1999）通过对大学职工样本的分析，验证了此结论。Hülsheger 和 Schewe（2011）指出，表层扮演过程中消耗的大量资源，会导致员工的去个性化加剧、情绪耗竭增加、工作满意度下降。而员工在进行深层扮演的过程中，通过改变内心真实状态以符合组织要求，真正地体验到快乐的情绪，这可被视为一种新生的心理资源。因此，快乐的情绪对提高工作满意度和工作绩效都具有积极的作用（Chen et al.，2012）。

（2）对组织的影响

①服务绩效。在服务型企业中，除了为客户提供产品，更重要的是为客户提供优质的服务，使客户拥有良好的购物体验，这对于提高客户的满意度和忠诚度具有至关重要的作用。如果员工在与客户互动的过程中进行表层扮演，使客户察觉到员工伪装和失真的情绪，则可能导致客户的不满（Rafaeli & Sutton，1989）。Ashforth 和 Humphrey（1993）也赞同此观点，他们认为员工通过情绪劳动所呈现出的积极情绪，可以使顾客直观感受到组织的热情，进而提高客户的满意度，最终提高服务绩效。Toterdell 等（2003）再次验证了此结论，并在此基础上进一步指出，深层扮演对服务绩效的正向影响更显著。占小军（2013）则利用中国企业的样本验证了此结论。

②组织承诺。组织承诺是一个重要的员工态度变量，会影响员工的工作绩效。Ghalandari 和 Jogh（2012）向一家社区医院的护士发放了 136 份问卷，探讨了情绪劳动策略对工作绩效和组织承诺的影响作用。李相玉、徐彪和李嘉（2014）的研究发现，服务业员工的情绪劳动会导致工作倦怠，进而对情感承诺、继续承诺和规范承诺这三种组织承诺产生负向影响。

2.3.4　关于情绪劳动的研究评述

关于情绪劳动的研究已有 30 余年，从最开始的质化研究到 20 世纪 90 年代的量化研究，学者们不断对情绪劳动的概念、维度、影响机制、前因结果变量进行完善和补充。与国外研究相比，我国对情绪劳动的研究起步稍晚，对情绪劳动的探讨大多还集中于服务型行业，主要对基于工作要求和与顾客互动而产生的情绪劳动进行研究，这属于比较微观的研究领域。将组织情境作为情绪劳动的前因的研究还相对较少。员工对外部冲突、变化的环境等社会情境的感知是否会引发其情绪劳动？员工是否会用不同的策略来应对？这些问题都值得探究。此外，组织内部情境，比如组织的文化、组织的氛围等，是否会在情绪劳动对自身行为结果的影响过程中起作用，也值得探究。

2.4　组织支持感

2.4.1　组织支持感的内涵

组织行为领域关注的问题之一是员工与组织之间的关系，这两者的关系是复杂且双向的，两者发挥着不同的作用，相互之间产生或好或坏的影响。组织支持感的概念是由 Eisenberger 等（1986）提出的，他们基于组织拟人化的思想，根据社会交换理论和互惠原则，提出了组织支持感的概念。根据社会交换理论，可以推断出员工对组织付诸自身的努力和行动，用于换取组织的嘉奖和酬劳；相应地，组织以积极态度对待员工，以换取员工用积极的工作态度来回报组织（Blau, 1964）。基于互惠法则，组织以积极态度来支持和嘉奖员工，那么员工则会认为自己有义务积极工作，以回报组织（Gouldner, 1960）。

可以说，组织支持感是员工的主观感受，此感受是评价组织对自己支持程度的综合知觉。具体而言，组织支持感是根据组织关心自己的幸福感，以及自身对组织所做出贡献的评判。这种感知是综合且丰富的，既包含了认知的因素，又包含了情感的因素。邵芳和樊耘（2014）对以往与组织支持感相关的研究进行了梳理，认为 Eisenberger 等（1986）对组织支持感概念的界定是具有普及性的，多位学者皆认同此概念。

2.4.2　组织支持感的维度与测量

对于组织支持感的结构如何构建，以及维度如何划分，学界还存在争议，尚未达成一致结论。笔者对以往组织支持感的文献进行梳理后发现，组织支持感主要有单个维度、两个维度、多个维度这三种分类，诸位学者根据不同维度进行了划分，开发了相应的测量量表。

2.4.2.1　单个维度

在单个维度划分方面，最具权威性的是 Eisenberger 等（1986）的研究，他们根据对多种职业员工的调查，包括制造型企业员工、学校职工、销售人员等，认为组织支持是一种情感性的支持，是指当员工在工作中遭受到较大的压力和产生挫败感时，组织对员工所做贡献的重视，以及组织对员工幸福感的关注等整体感受。相应地，Eisenberger 等（1986）开发了一个单维度量表用以测量组织支持感，此量表是普及性最高、被广泛学者使用的量表，该量表包括 36 个题项，测量员工对组织关心其贡献、关注其幸福感的整体感知，该量表的信度和效度均已得到广泛验证。鉴于此量表的题项较多，略显冗余，一些学者在使用时会根据自己研究的侧重点选择部分题项来对样本进行测量，由此产生了 16 个题项或者 8 个题项的精简版本。

2.4.2.2　两个维度

在两个维度研究方面，普及性较强的当属 McMillan（1997）的研究，他将研究的对象设定为服务型员工，从情感性支持和工具性支持两个新的角度出发进行实证研究。情感性支持更偏重员工感知到的组织对自己福祉的关怀，相对而言，工具性支持更多强调的是组织在员工想实现自身价值的过程中所给予的实际物质、信息传达、培训进修、工具设备等方面的援助。Stamper（2007）则认为，组织支持感的划分维度应当从工作和关系这个两个方面来考虑，与工作相关的组织支持感可被理解为与工作内容和工作任务相关的组织支持，而与关系相关的组织支持感可被理解为与人脉和社会网络相关的组织支持，此分类形式也得到了 Asta（2011）的认可和验证。

2.4.2.3　多个维度

把组织支持感划分为多个维度的学者相对多一些。Chong 等（2001）把组织支持感划分为五个维度，他们认为组织支持感的来源可能有不同层级，比如高、中、低层管理者，以及处于一线的最基层的领导和员工。Kraimer 和 Wayne（2004）把组织支持感划分为三个维度，他们把外派的组织人员作为研究的样本，认为组织支持感可以从适应性、事业性和经济性三个方面来衡量。凌文铨、杨海军和方俐洛（2006）认为，中国情境下的组织支持感不应与欧美等国家的一维测量方法相同，而可以分为组织在工作中所提供的支持、在价值观层面的认同度，以及对员工幸福感的关怀程度这三个维度。Yang（2013）也认为，组织支持感可以划分为三个维度，其中两个维度与凌文铨等的划分相似，即组织在工作中所提供的支持和在价值观层面的认同度，有差异的是凌文辁所提出的第三个维度，即组织对员工幸福感的关怀程度。而 Yang 提出的是组织对员工所得利益的关注程度。Yang（2013）根据他们的维度划分开发了相应的量表。邵芳和樊耘（2014）指出，组织支持感的多维度概念划分会逐渐成为主要趋势，也是研究前沿。李树文（2015）进行了一项元分析的研究，在其研究中，他提出并验证了组织支持感包含四个维度，除了 McMillan（1997）所提出的与支持内容有关的情感性支持和工具性支持两个维度，他还加入了来自不同主体的上级支持和同事支持两个维度。宝贡敏和刘枭（2011）认为，组织会给员工提供不同的支持，他们基于中国的实际情况展开了一系列的访谈和调查，编制了"中国员工感知组织支持量表"。该量表的划分更加细致，把组织支持感划分为来自组织、主管和同事的支持。具体而言，来自组织的支持主要涉及与规章制度相关的支持和保障；来自主管的支持主要涉及与工作任务相关的主管支持和与人际关系相关的主管支持；来自平级同事的支持主要涉及与工作相关的支持和与生活相关的支持。Yang（2013）根据其研究内容，开发了一个由 16 个题项所组成的三维度量表，其中的 7 个题项用于测量"组织在工作中所提供的支持"，4 个题项用于测量"组织在价值观层面对员工的认同度"，5 个题项用于测量"组织对员工所得利益的关注程度"。

2.4.3　组织支持感的研究现状

2.4.3.1　组织支持感的前因变量

通过梳理众多学者对组织支持感的研究，笔者发现对组织支持感产生影响的因素包括宏观层面和微观层面的因素。总体而言，其前因变量主要包括组织特征和管理实践等组织因素、领导风格和方式等领导因素、工作安全和自主性等工作因素、员工情绪和心理等个人因素这四个方面。

（1）组织因素

①组织特征。组织规模的大小、所在行业具有的特性、组织在社会中所承担的责任等因素，都会对员工的组织支持感产生影响。Dekker 和 Barling（1995）在研究中提出了客观的组织支持和主观感知的组织支持。他们在一个拥有 500 名员工的企业中对其 112 名办事员进行了调研，他们发现劳动力规模与角色模糊、角色冲突、数量和质量角色过载以及客观组织支持正相关，但是与员工主观感知的组织支持感负相关。这一研究结果

表明，组织的较大规模在客观上要求其政策和程序会更加冗余和庞杂，无法考虑到更为细致的员工需求，所以在劳动力较多的组织中，员工感知到的组织支持感会更少。颜爱民和李歌（2016）设计了一个多层线性模型，对 1 308 名员工做了跨层分析研究，他们认为员工会通过组织对待其他人的方式来推断组织可能对待自己的方式，当组织履行社会责任时，尤其对员工履行责任时，员工会认为这是组织公平的重要表现，并由此推断出组织是关心自己的，随之产生较高的组织支持感。

②人力资源管理政策和实践。人力资源管理的政策和实践体现的是组织向员工所传达的信号，员工会根据相关的政策和实践推断出组织对自己的支持和关怀程度。Lazarova 和 Caligiuri（2001）通过对 4 个北美跨国组织的 58 名外籍人员进行调研，考察了组织所提供的遣返支持实践，以及它们在降低遣返人员离职意图方面的效果。研究结果表明，组织所提供的支持性遣返做法改变了被遣返者对其公司的总体看法，向被遣返者提供了更多此类支持性实践，并认为此类计划对他们的成功遣返具有相关性和重要性。Allen、Shore 和 Griffeth（2003）通过对 215 名百货公司销售人员和 197 名保险代理人员进行调研，发现对支持性人力资源实践的感知（如让员工行使参与决策的权利、对员工的公平性奖励，以及给员工提供成长机会）都有助于员工感知到组织支持。何会涛和彭纪生（2008）从激励-贡献的视角出发，认为高效的人力资源管理实践可以使员工感受到组织对自己的投资和关怀，这些都会增加员工的组织支持感，并激励员工对组织做出贡献。张立峰（2016）通过对我国 45 家国有企业和民营企业进行调研，验证了人力资源管理强度的独特性、一致性、共识性这三个维度都会促使员工获得情感性组织支持和工具性组织支持。

（2）领导因素

组织的领导虽然是一个个体，但是领导的行为在一定程度上代表着组织的态度。员工会通过组织的领导对自己的表现所做出的评价，来推断领导是否对自己满意和是否支持自己，并把此推断延伸到对组织支持的推测。Rhoades、Eisenberger 和 Armeli（2001）直接测量了领导支持，测量的分值即代表了组织支持的程度，他们通过三项研究考察了工作经验、组织支持感、情感承诺和员工离职之间的关系。Shanock 和 Eisenberger（2006）收集了全职零售员工及其主管的数据，把组织支持感细化为主管所感知的组织支持感，以及员工所感知的组织支持感和员工所感知的主管支持感，并探究了其中的关系。研究表明，如果主管感知到了较高的组织支持感，也会对下属提供更多的支持，可以呈现出一种向下涓滴的现象。林声洙和杨百寅（2014）对在中国的某家韩国公司中的356名员工进行问卷发放，通过数据分析表明家长式领导中的仁慈维度和德行维度会使员工感觉到来自领导的重视和关照，这会对员工的组织支持感产生正向影响。他们还通过对比中国员工和韩国员工的数据发现，韩国员工对此关系的知觉显得更加敏锐。杨皖苏和杨善林（2020）也从上下级关系、价值观匹配的视角探讨了分布式领导风格对员工创新行为的影响。他们通过对306名新生代员工的问卷进行分析，发现分布式领导会经由对员工组织支持感，间接地对其主动创新和被动创新行为产生影响。

（3）工作因素

如果组织赋予员工更多自主性并使员工感受到更高的安全性，员工会由此推断出组织对自己的尊重，也会认为组织对自己的信赖程度较高，员工的组织支持感便会油然而生（Allen et al., 1999）。Rhoades 和 Eisenberger（2002）回顾了70多项关于员工认为其所在组织重视他们的贡献并关心他们的幸福的研究。分析表明，如果员工处于良好和公平的组织环境中，且能够感受到来自主管的支持和组织的嘉奖，则会增加其组织支持感；如果员工感觉到了非常沉重的工作压力和负担、领导或组织提出的要求过于严苛、工作角色模糊等，员工的组织支持感会降低。李晓艳和周二华（2012）基于顾客视角，指出如果服务业员工在工作时遭受到顾客的辱骂、侮辱等，也可能导致其组织支持感下降。张冉（2015）则从同事的视角出发，以知识型员工作为研究样本，证明了在工作场所中，遭受到排斥的员工会认为来自组织的支持感减少，因为同事也是组织的组成部分。

（4）个人因素

员工的个人因素对其如何感知组织支持的影响也是不可忽视的。情绪、心境等因素不同，会导致员工产生不一样的组织支持感。Muse 和 Stamper（2007）利用理性行为理论，指明了个人与组织相匹配的重要性，如果员工与组织在价值观感知方面具有较高程度的一致性，则会提高员工的组织支持感。Edmondson（2008）在其博士论文中，通过对服务业员工进行问卷调查，测量了员工的组织支持感知和监督支持感知，结果验证了如果员工在工作中产生了情绪耗竭，这种情绪状态会让员工认为组织对自己的支持有所缺乏和亏欠，继而导致其组织支持感下降。Zagenczyk 等

（2011）对员工的心理契约进行了测量，心理契约虽是一种无形契约，但能集中地反映组织和员工之间的关系。如果员工感知到心理契约的履行程度较高，则会具有较强的组织支持感。

2.4.3.2　组织支持感的结果变量

（1）组织层面

侯莉颖和陈彪云（2011）通过对深圳制造业的员工进行问卷调查，探究了社会组织最为关心的话题之一：工作绩效的影响因素。数据分析表明，组织支持感对于工作绩效的提高具有积极的作用。李树文（2015）梳理了在中国企业员工的组织支持感如何对企业绩效产生影响的文献，结果表明，如果员工有较强的组织支持感，就会直接或间接地提高企业绩效。其中，对于工作奉献和工作绩效方面的正向影响最为明显。然而，也有学者研究得出相反的结论，Chiang 和 Hsieh（2012）通过对 513 名酒店员工进行调研，发现组织支持感与组织绩效并不存在正向关系。

（2）员工层面

基于组织支持理论可以知晓，如果员工认为自己被组织看重和尊重，就会感受到组织的关怀和认可。被组织支持的员工会在工作态度和行为、对组织的情感等方面受到积极的影响，会在以后工作中更加努力，用更加优秀的表现为组织做出贡献（Eisenberger et al. 1986）。因此，组织支持感会在员工的工作态度、行为和绩效等结果方面产生影响，学者们也热衷于探究组织支持感对员工层面的结果变量的影响。

①员工绩效。来自组织的支持可以使员工感知到组织对自己在工作中所做出贡献的认可，以及组织对其员工民生福祉的关注。相应地，员工会以积极的工作态度、良好的工作表现以及高绩效来回馈组织，社会交换理论已较好地解释了此关系。因此，以往研究普遍认为，组织支持感对员工的工作绩效具有积极的影响，Randall、Cropanzano 和 Bormann（1999）等以 128 名员工作为研究样本，证明了组织政治和组织支持感皆与员工的工作满意度、组织承诺、工作绩效有关。毕妍、蔡永红和蔡劲（2016）以教师为研究样本，通过分层抽样收集到来自 45 所中学的 1 218 名教师的数据，证明了组织支持感会正向影响教师绩效。周文斌和马学忠（2015）的研究指出，有较高组织支持感的员工在其职业成长的道路上会更加积极、更容易成功；此外，组织公平也会经由组织支持感，对员工的职业成长产生间接的影响。

②员工态度。如果员工感受到越多的组织支持感，其工作满意度会越高，其对所在组织的贡献就会越大（Randall, Cropanzano, Bormann, et al., 1999; Eisenberger et al., 2001）。Rhoades 和 Eisenberger（2002）通过回顾70 多篇与员工组织支持感相关的文献并进行分析，发现组织支持感会使员工产生积极情绪。Newman、Thanacoody 和 Hui（2012）对 5 家在中国运营的服务业跨国企业中的 437 名中国员工进行调研，并利用结构化方程模型对数据进行分析。研究发现，组织支持感与情感性组织承诺正相关，而情感性组织承诺又与离职意向负相关。组织支持感与离职意图之间存在直接关系。Karatepe（2015）认为，组织支持感会对员工情绪产生积极的影响。感知到较强组织支持感的员工会产生比较积极和愉悦的情绪，自我效能和内部动机也会随之增强。在此情况下，员工的情绪耗竭会减弱，离职倾向也会下降。Jaiswal 和 Dhar（2016）从 34 家酒店的 436 名员工和 1 320 名顾客中收集数据，研究结果发现，组织支持感会影响其组织承诺，进而对其服务质量产生显著影响。Liu 等（2016）则重点关注了护士群体的组织支持感及后续影响，研究发现，有较高组织支持感的护士，其职业成功的可能性更大，也更愿意留在当前的组织继续工作。

③员工行为。Randall、Cropanzano 和 Bormann 等（1999）探究了组织政治和组织支持感与员工工作态度、工作行为之间的关系，结果表明，组织支持感较高的员工更容易做出对组织有益的事情。Bock（2005）的研究则认为，组织支持感对员工知识共享行为有正向影响。Loi、Hang-Yue 和Foley（2006）得出如下结论：感知到较高组织支持感的员工会激发出更多的组织公民行为，还会更加愿意与同事和领导交流，产生更多的知识分享行为和建言行为。苗仁涛、周文霞和刘丽（2015）也认同此观点并在此基础上进行了补充，认为组织支持感对员工行为的影响可能会通过不同路径起作用。李冰（2011）以医疗卫生这个较为特殊的行业作为研究对象，认为感受到较高支持感的医生会促进其组织公民行为，影响其对病人的服务质量。他们通过收集 7 家医院的 203 名医生的问卷，证明了组织支持感会使医生更愿意增加自己的工作投入和组织公民行为。

此外，也有学者关注组织支持感与员工的负向行为之间的关系。郭文臣、杨静和付佳（2015）认为，感知到较高组织支持感的员工会表现出更少的反生产行为，组织支持感还会通过减少组织犬儒主义，进而间接地负向作用于员工的反生产行为。刘玉敏和李广平（2016）则关注了劳务派遣员工的组织支持感对其工作行为的影响，通过收集 302 名派遣员工的数据并进行分析，发现组织的派遣员工如果感知到了来自组织的支持，会对组织更加认同，其离职倾向会明显下降。

2.4.4　关于组织支持感的研究评述

组织支持感可归属于组织资源的一类，是员工对组织资源的一种感知。组织支持感会对组织成员的工作态度或者行为产生较为重要的影响。笔者通过梳理与组织支持感相关的文献，发现以往学者已在其含义、维度和测量，以及前因结果变量方面进行了较为丰富的研究。组织支持感这一调节变量对员工、团队或者组织影响的研究还可以进一步深入。比如在服务型企业中，工作性质要求员工表现出积极情绪，员工会产生情绪劳动。在此过程中，员工会消耗大量资源，组织支持感作为一种组织资源，能否在员工情绪劳动与其行为结果之间发挥一定作用？对于员工所采取的不同情绪劳动策略，组织支持感是否又会产生不一样的调节效果？这些问题都值得探讨。

2.5　团队反思

2.5.1　团队反思的内涵

在复杂多变的环境下，团队工作方式越来越受到企业的关注。West（1996）从团队过程的视角定义了团队反思的概念。Carter 和 West（1998）在此基础上进行了补充，认为团队反思是团队互动过程中一个非常核心和关键的活动，尤其是当团队面临复杂困难或者需要创新的情况时，团队反思这个过程就显得尤为重要。具体而言，West（1996）把团队反思定义为团队成员根据所在团队发展的方向和策略等方面进行深思和检讨，再结合团队内部环境和外部环境对团队过程进行调整。随后，West（1997）根据团队反思的内容，对团队反思做了进一步说明和解释，认为团队反思不是某种独立的行为，而是包括提出问题、分析问题、制订计划等一连串的行为。Swift 和 West（1998）则根据团队反思过程，进一步扩充了团队反思的含义，他们认为团队反思包括了三种类型的团队过程，即反思过去的行为、展望未来并制订计划、分析组织内外环境以进行调整。Edmondson

（2002）则从不同的视角来定义团队反思，他从社会学习视角诠释了团队反思如何激发团队成员进行知识分享和相互学习。

2.5.2 团队反思的维度与测量

笔者通过对团队反思的文献进行梳理，发现与团队反思的结构和测量相关的研究还处于探索和逐步完善的阶段，国内外学者并没有形成一致的结论。但是总体而言，不同测量条目所反映的团队活动内容是相近的，现有文献主要从单维度、两维度和三维度来测量团队反思这个变量。

（1）单维度

很多学者认为，团队反思等同于对工作任务的反思，他们直接用任务反思的测量结果来衡量团队反思。采用单一维度测量方式的代表是 Swift 和 West（1998）所采用的 9 条目量表，其内容相对完整，测量了团队的内外环境情况、对团队的发展策略和目标的回顾和检讨，以及如何做出调整以适应内外环境和战略目标。此量表的应用范围较广，众多学者采用了此量表来衡量团队反思。

（2）两维度

Carter 和 West（1998）认为，团队反思包括与工作任务相关的任务反思（如考察团队的战略计划、目标设定、团队工作流程等方面）、与团队成员相关的社会反思（如团队成员间的相互支持与合作、知识分享、相互学习等方面）。Hirst 和 Mann（2004）认为，团队反思包括任务反思，并用 4 个条目对其进行测量。他们还提出，团队反思包括过程反思，并用 3 个条目对其进行了测量。

（3）三维度

国内学者张文勤和刘云（2011）基于 West（1996）对团队反思的界定，将团队反思分为三维度进行测量，即任务反省、过程反省和行动调整。其中，任务反省是对团队所制定的发展目标和实施内容进行反思；过程反省是指对团队的行动决策和团队内部成员之间的互动等过程方面进行反思；行动调整是指为了适应组织内部环境和外部环境，从工作流程、计划与目标等方面采取适应性调整的措施。

2.5.3 团队反思的研究现状

2.5.3.1 团队反思的前因变量

笔者基于以往关于团队反思的文献，发现对团队反思产生影响的因素主要与团队特征、领导风格、团队互动、团队认知四个方面有关。

（1）团队特征

Shippers（2003）收集了13个组织的54个团队的数据，发现团队在性别、教育水平和工龄三个方面的多样性不会对团队反思产生直接的影响，但在加入团队对结果的依赖程度和团队成立时间两个因素后，团队的整体多样性就会对团队反思产生不同的影响。MacCurtain（2010）则基于以色列的情况，关注了企业高层管理团队这个群体，发现这39个高管团队的教育水平、工龄和年龄的差异性和多样性均不能直接影响团队反思，需要加入可信赖性作为中介变量，才能间接地对团队反思产生影响。

（2）领导风格

Hirst 和 Mann（2004）关注的是不同领导风格是否会对团队反思产生影响。他们通过收集4个组织及其56个团队的数据，发现被创新型领导带领的团队会更有可能开展团队反思活动。Schippers（2008）的研究发现，变革型领导会激发员工在心理和精神等更高层次的需要，促进团队成员发挥自身潜力来进行反思。Hammedi（2011）也支持此结论，他通过在线问卷调查的方式分析来自不同国家和地区的126名员工的创新行为，再次验证了此观点。

（3）团队互动

Tojsvold（2003）在上海的100家企业中进行调研，收集到100个团队的问卷，数据分析结果表明，采用合作的方式来解决冲突会促进团队成员进一步交流和反思，而采用竞争和回避的方式来试图解决冲突，会使团队成员之间产生隔阂，从而抑制团队反思活动。De Jong 和 Elfring（2010）则从内部互动关系的视角出发开展研究，研究结果表明，团队成员之间相互信任，有助于彼此敞开心扉，勇于说出自己的真实想法来与团队成员讨论，进而促进团队反思。Zhang（2012）分析了工程师团队的团队反思过程，他的研究结果表明，团队成员的建言行为会使得团队内部出现更多的声音，有利于促进团队成员的思考和讨论，从而激发团队反思。

（4）团队认知

Wong 等（2007）从社会印象的视角探讨了社会面子对团队反思的影响，通过调查 103 个顾客及其供应商，研究发现，社会面子有助于促进团队反思。Dayan 和 Basarir（2008）通过对 107 个生产团队和项目团队进行调研，发现公平认知、团队记忆交互系统皆对团队反思具有正向影响。Hammedi 等（2011）则收集了多个国家和地区的样本，指出如果组织程序是规范的且被团队成员感知到了，那么团队成员更愿意参与到团队反思的过程中来。

2.5.3.2　团队反思的结果变量

（1）工作认知和能力

Carter 和 West（1998）以生产团队成员为研究对象，通过收集 119 名团队成员样本，发现团队反思会使得成员认为在该团队和组织中获得了较高程度的愉悦感和幸福感。Gurtner（2007）则运用实验的方法证明了团队反思可以促进团队内部的心智共享。王端旭和武朝艳（2010）的研究证明了团队反思会使得团队成员产生信赖团队和组织的认知，此外，团队反思在提高团队成员能力方面也有积极的作用。佟星和任浩（2019）从双元的视角出发，基于社会认知理论，证明了团队反思会在双元领导与团队的双元创新能力中起到中介作用。

（2）工作态度

Schippers（2003）收集了 54 个团队及其 406 名员工的样本，通过数据分析发现团队成员在反思过程中可能会更好地理解组织，增加对组织的认同感和归属感，进而提高工作满意度。张文勤和刘云（2011）的研究则表明，团队反思使得团队成员之间产生更多的有效互动，在互动过程中的积极合作会使得团队成员更加认可彼此，产生较高的合作满意度。杨卫忠、葛玉辉和王祥兵（2012）则招募了 150 名学员进行了实验研究，研究结果发现团队反思会提高团队成员的决策满意度。

（3）工作行为

关于团队反思对工作行为影响的研究较为丰富，包括对员工的认同行为、责任行为、学习行为和创新行为等方面。Tojsvold 等（2003）通过实证研究，验证了团队反思只对公民行为中的认同行为起积极作用。Wong 等（2007）则指出，团队反思的过程会使得团队成员更大概率地进行资源互换的行为。Schippers（2012）认为团队反思会促进团队成员进行知识共享，进而激发团队学习行为。还有众多学者对团队反思与员工创新行为之间的关系进行了探究（Dayan & Basarir, 2008; MacCurtain, 2010; 王智宁，刘梦丽，李晓磊，2019; 邓志华，肖小虹，张亚军，2019）。

（4）工作结果

大多数研究得到了一致结果，认为团队反思对于提高团队绩效和角色内绩效皆具有积极作用。具体而言，Carter 和 West（1998）首先指出，团队反思对提高团队绩效有显著的正向影响作用。Van Ginkel 等（2009）通过实验研究发现，团队通过反思过程促进成员之间的有效交流和相互协作可以显著提高团队的决策质量，此结论被后续学者再度证实（Hoegl & Parboteeah, 2006）。针对团队反思对决策效率的影响，不同学者得出了不一样的结论。Hammedi（2011）指出，团队成员进行反思和讨论，可以尽快达成一致结论，提高决策效率；Hoegl 和 Parboteeah（2006）则认为，团队反思不一定就能提高团队决策效率，也有可能在反思过程中无法达成一致观点，故认为团队反思不会显著影响团队效率。

2.5.4　关于团队反思的研究评述

笔者通过对团队反思文献的梳理，发现团队反思在团队管理中是一项非常重要的活动。团队反思要求团队成员根据所在团队发展的方向和策略等方面进行深思和检讨，再结合团队内部环境和外部环境对团队结构进行调整。

影响团队反思的因素得到了众多学者的关注，在这一领域已产生了非常丰富的研究成果，包括工作任务因素的影响、组织因素的影响、领导因素的影响、团队构成的影响等，但是对于团队情境对团队反思的影响研究还较少。比如，快速变化的外部环境是否会使团队成员产生工作不安全感？团队层面的工作不安全感是否会影响团队反思？对于这些问题，以往的文献还缺乏探讨。

此外，在团队反思的结果变量方面，团队反思与团队创新之间的关系也是众多学者关注的话题，众多学者对这两者间的关系进行了研究，并得到了不一致的结果，说明这两者之间的关系可能受到其他因素的影响。具体而言，与情绪有关的情境因素是否会对团队反思与团队创新的关系产生影响的文献还相对缺乏，本书将探讨这一问题。

2.6　团队情绪氛围

2.6.1　团队情绪氛围的内涵

国内外的组织行为学界更加关注工作场所中与"情绪""情感"相关的话题。Weiss 和 Cropanzano（1996）从情感事件理论视角出发，通过大量文献的梳理解读了工作情境或工作事件诱发的积极或消极的情感体验对员工的态度、行为和工作表现的影响。段锦云等（2011）进一步总结了这些情感和情绪影响个体或群体行为的两条路径：一是情感驱动行为的路径，即情感反应引发个体行为；二是判断驱动行为的路径，即情感反应引发个体的认知并间接影响其行为选择。情感事件理论刻画出员工在工作场景中的情感结构、发生机制和影响结果，引发了理论界和实践者对组织场景中的情绪管理的关注。

Ashkanasy（2003）将工作场景中的情绪和情感划分为个人内部的、人与人之间的、人际互动的、群体的、组织的情绪状态五种类型。由于人们的许多情绪都源于群体中的人际交往，因此，在团队层面关注团队情绪（氛围）十分重要。Liu 等（2008）将团队情绪氛围定义为"成员对团队情绪的共同感受，以及团队情绪交换过程的共情体验"。实际上，团队成员在身处相似的工作环境或经历相同的情感事件时，会逐渐形成某种相似的情绪体验和认知判断，这种心理状态会进一步影响团队成员的行为和绩效。因此，团队情绪氛围能够表征团队共享的情感和情绪的感受，这些特征对团队整体和团队中的每个成员均具有重要的影响。

团队情绪氛围是一种中观层次（meso-level）的情绪体验，是员工通过情绪传染（emotional contagion）的方式形成的一种共享的情绪整合状态，这一自下而上的涌现过程，经由群体规范或实践过程最终形成团队共享的感知或看法（Kelly & Barsade，2001）。相对于组织情绪氛围的影响，员工嵌套于团队，在组织规模很大的时候，员工对自己所处的组织环境并不一定会构成一致性认知，所以，采用团队情绪氛围解释群体及其成员的态度和行为更为合理。同时，学者们普遍地证实了团队消极情绪氛围会带来低水平的士气，阻碍团队成员间的沟通协作；相反，团队积极情感氛围会鼓励团队成员间的积极交流，从而产生新想法、新观点。相较于消极情绪氛围，积极情绪氛围的作用效应更强，促进了团队内部的交流与互动（Rhee，2007）。

2.6.2 团队情绪氛围的维度与测量

Gamero 等（2008）用团队成员的情绪幸福感来衡量团队情绪氛围。Tse 等（2008）使用包括五个条目的团队积极情绪感知量表来测量团队的情绪氛围。Menges、Walter、Vogel 和 Bruch（2011）改编了与工作相关的情绪幸福感量表，该量表包含四个积极情绪的条目，以用于测量团队的积极情绪氛围。Härtel 等（2006）开发了一个工作组情绪氛围量表（WECS），但这一量表只测量了一个维度，即积极的工作组情绪氛围，共包含五个条目。根据情绪的分类，许多学者都尝试测量情绪状态背后的多维结构（Russell，1980）。这些研究通常都发现了两个高度稳健的维度：①正面（负面）评价与激活；②社会参与脱离（Kitayama，Markus，Matsumoto，1995）。

从效价和人际两个维度出发，Liu 等（2008）编制了一个包含 16 个条目的团队情绪氛围量表，此量表已经被广泛地应用于中国组织场景。具体来说，量表由团队成员自行填写，以评估"团队中大家时常会感到苦闷""在团队中大家觉得工作起来很有干劲"，以及反向题项"大家彼此很冷漠"等方面，最终将团队成员的个体报告的数据聚合到团队层面，用于评估团队的情绪氛围。

2.6.3 团队情绪氛围的研究现状

近年来，学者们围绕团队情绪氛围展开了大量研究，发现其对员工和团队的创造性和有效性的影响。通过团队有效性激发模型，Cohen 和 Bailey（1997）发现，团队情绪氛围与团队有效性存在显著关系。相较于中性情绪和消极情绪，高水平的积极情绪氛围能够激发更高的团队创造力和团队绩效（Grawitch，2003）。不仅如此，Rhee（2007）还发现了团队的积极情绪氛围影响员工学习和团队创造力的间接路径，他的研究结果表明，积极情绪氛围能够带来团队成员间的关系构建和行为互动，这些团队过程带来了更高水平的创造力。此外，学者们还将团队情绪氛围的研究拓展至消费场景。例如，Hartel 等（2008）从服务者-消费者互动模式的视角出发，发现团队情绪氛围有助于服务人员从消极情绪体验中走出来。

屈仁均（2007）发现，团队情绪氛围通过员工情绪体验或情绪劳动表达间接影响团队活动的有效性。不仅如此，一些学者还发现团队情绪氛围的多层次（跨层次）的影响，在团队层次上，团队情绪氛围通过团队互动行为间接影响团队创造力；在员工层次上，团队情绪氛围通过影响员工情绪和动机，跨层次作用于员工创造力（龚增良，汤超颖，2009）。刘小禹和刘军（2012）还证实了团队积极情绪氛围对团队创新绩效具有正向作用。

2.6.4　关于团队情绪氛围的研究评述

团队情绪氛围表征了团队成员共同的情绪感受和彼此间的情绪交换，会对团队及其成员产生积极或消极的影响。相对于国外丰硕的研究成果，目前中国场景下团队情绪氛围的研究还相对匮乏。进一步分析发现，已有研究验证了团队情绪氛围作为自变量（杨洁，张露，黄勇，2020）或中介变量（范黎波，杨金海，史洁慧，2017）对团队结果产生的影响。然而，团队情绪氛围这一调节因素对团队过程和团队结果的影响研究，还有待加强。

2.7　知识异质性

2.7.1　知识异质性的内涵

与团队相关的文献中，团队异质性一直是众多学者关注的话题。与团队异质性相关的研究，已从团队成员在性别、年龄、种族等显性特征方面的差异，逐步扩充和深化到去探究团队成员在认知、知识、价值观等隐性特征方面的差异。其中，在团队异质性的隐性特征差异中，知识异质性是非常重要的一个方面。在面对不同的团队任务时，团队成员运用自身的知识储备、经验去分析问题，这在很大程度上会对解决问题的过程、方法、结果都产生影响。

关于知识异质性的内涵，现有的观点基本相似。Rodan 和 Galunic（2004）指出，知识异质性主要涉及团队成员在团队中可获得的知识、技能和专长的多样性。VanderVegt 和 Bunderson（2005）认为，知识异质性是指团队成员所拥有的知识、专长、技能方面的差异。李宗红和朱洙（2003）则认为，知识异质性是指拥有共同的目标和愿景的团队成员，拥有不同的知识背景、教育经历、认知水平，会利用自己的知识和特长，通过不同的途径来达到最终目标，但在达到目标的过程中彼此依赖。倪旭东（2010）在以往学者研究的基础上，对知识异质性的定义进行了总结，认为团队成员的知识背景、知识结构、认知方式存在差异。

综上，本书认为，知识异质性是指知识团队成员所掌握的知识与技能的差异程度，也代表着团队成员在专业背景、教育经历等方面的丰富性与多样性。

2.7.2　知识异质性的维度与测量

学术界对领导成员交换的结构维度划分还存在争论，主要原因是关于领导成员交换的定义尚不统一。

（1）两维度

吴岩（2014）从知识分类视角出发，指出团队知识异质性可被分为团队成员在专业知识或技能上的显性知识差异，以及团队成员在职场经历、认知方式上的隐性知识差异。相应地，他开发了包括 6 个题项的量表。其中，显性知识异质性用 3 个题项考察了团队成员在学历背景、所学专业以及专业技能三个方面是否存在较大差异；隐性知识异质性也用了 3 个题项来考察团队成员在认识方式、价值观、工作经验这三个方面是否存在较大差异。此量表的 Cronbach's α 系数均高于 0.79。王辉和苏新雯（2020）在他们的研究中使用了此量表，得到了较高的信度和效度。

（2）三维度

Tiwana 和 McLean（2005）认为，知识异质性是指团队中所有成员所拥有的专长的差异性程度，可以从团队成员的专业领域差异、知识背景和经验差异、能力和技能的差异这三个位维度来定义。该研究开发了 3 个题项、5 个量表来测量知识异质性，考察了团队的成员是否来自不同的专业领域、拥有各种各样的知识背景和经验，以及拥有彼此互补的技能。王兴元和姬志恒（2013）从知识分类角度出发，根据知识异质性的具体内涵，从学历、文理科差异等方面来衡量显性知识异质性，用工作方法、程序、逻辑差异等来衡量伪隐性知识异质性，用工作习惯、价值观差异等来衡量真隐性知识异质性。他们还根据知识管理理论，设计了包括 9 个题项的量表，此量表三个维度的 Cronbach's α 系数均高于 0.79。

（3）五维度

对于知识异质性的衡量指标，为大众熟知的是 Milliken 和 Martins （1996）的衡量方式。他们总结了 1989—1994 年排名前 13 位的权威管理期刊关于知识异质性的文章后，认为知识异质性可以通过 5 个维度的指标来衡量，包括团队成员教育学历、以往职务、职业背景、组织成员的地位和所在行业的经验。

2.7.3 知识异质性的研究现状

DeChurch 和 Marks （2001）指出，学术界关于知识异质性对团队绩效的影响并没有达成一致结论，这两者间的关系可以用双刃剑来概括。具体而言，一部分研究结果表明，知识异质性对团队不利，差异的存在会使团队成员间产生冲突，会对团队发展产生消极的影响；另一种截然相反的观点则认为，知识异质性会给团队带来丰富的资源，能够提升团队绩效。

2.7.3.1 正面结论

关于知识异质性的正面结论通常以团队任务为导向，从信息或决策制定视角出发来分析知识异质性如何对团队创新产生积极的影响。Huber （1991）的研究结论表明，团队成员在知识方面的差异会促进团队成员间相互学习。通过学习和知识共享的过程，团队成员会归纳总结出已有知识，推导出新的知识和信息来深入理解问题。Rulke 和 Galaskiewicz （2000）则证明了团队成员的知识异质性程度越高，越能从不同的视角来分析问题，做决策的过程会更加全面和辩证，继而提高团队绩效。Rodan 和 Galunic （2004）认为，知识异质性与团队整体绩效和创新正相关，尤其是对创新的影响更为显著。倪旭东 （2010）的研究结论表明，团队成员的知识异质性会使得团队成员充分发挥各自的知识背景优势从团队外部获得的知识，进而丰富和扩充团队内部的沟通和交流，有利于团队的发展。

2.7.3.2 负面结论

关于知识异质性的负面结论则通常以团队关系为导向，从社会分类视角和人际关系视角分析知识异质性对团队绩效的不利影响。Ancona 和 Galdwell （1992）认为知识异质性会造成交流鸿沟，增加团队成员间的沟通难度与沟通成本。Taylor 和 Greve （2006）则认为过高或过低的团队知识异质性皆会对团队结果产生不好的影响，甚至使团队机能失调。王颖和彭灿 （2011）也认同 Taylor 和 Greve （2006）的观点，他们指出过低的知识异质性会导致团队内部知识结构过于单一，在团队互动中难以产生新的观点和想法，不利于团队和组织的发展；而过高的知识异质性有可能导致成员之间产生冲突和矛盾，影响团队沟通，亦不利于团队和组织的发展。

2.7.3.3 其他结论

知识异质性与团队绩效之间的关系可能呈非线性关系，有研究证明了知识异质性与团队绩效之间的关系是倒"U"形关系，认为知识异质性的程度应该注意保持适中的状态，以防过犹不及（Van Knippenberg，De Dreu，Homan，2004）。

2.7.4 关于知识异质性的研究评述

梳理以往关于团队知识异质性与团队绩效之间关系的研究后，笔者发现，以往研究主要从社会分类视角和信息或决策制定视角来探究二者的关系。基于社会分类视角，学者们从社会学研究中的相似性吸引的观点出发，阐述同质性团队能获得更多的益处。基于信息或决策制定视角，学者们则充分肯定了异质性的价值，提出异质性团队可以实现更好的团队结果。由此也可以看出，以往研究往往把团队知识异质性作为影响结果的前因变量，而把知识异质性作为调节变量，探讨知识异质性在团队中的作用的研究还相对比较缺乏。知识异质性程度有高低之分，当团队处于不同情况时，团队成员知识异质性是否会对团队绩效产生影响？本书将对这一问题进行探讨。

3 理论基础

3.1 认知评价理论

3.1.1 认知评价理论的主要观点

认知评价理论（cognitive appraisal theory）是由 Richard Lazarus 提出的，他认为外部环境的刺激和个体的情绪之间存在认知评价这个过程。认知评价理论具有重要的学术价值和社会应用价值，受到了理论界和实践界的广泛关注，成为迄今为止最著名的认知理论之一。

Richard Lazarus（1966）认为，情绪与环境、生理、认知和行为等因素息息相关，每种情绪都是对外界刺激的独特反应。人所处的环境决定了其具体情绪状态，但在同样的环境中，不同的人之所以产生不同的情绪，是因为不同环境对个体来说具有不同意义，这种不同意义就需要由认知评价来解释。认知评价理论的基本假设为：情绪是个体对环境进行感知的反应（Lazarus，1991）。有益的环境会使个体产生积极的情绪，比如，离成功更近一步会使个体产生高兴的情绪，受到赞赏会使个体产生自豪的情绪，相信会有好结果。有害的环境可分为不利的环境和威胁的环境两种类型。不利的环境会使个体产生愤怒的情绪，威胁的环境会使个体产生焦虑的情绪或受到惊吓。

评价（appraisal）和应对（coping）是认知评价理论的核心。评价是指个体对环境中的信息和可能的威胁进行搜索，并对刺激事件进行多回合的评估过程。Reeve（2001）认为，个体对环境的初评价分为无关、有益和威胁三类。当个体认为环境与自身利益无关时，则评价结束；当个体认为环境对自身利益有益时，则产生愉快和积极情绪；当个体认为环境对自身利益有威胁或挑战时，则产生再评价。再评价主要涉及评估自己是否能够应对潜在的威胁，如果能应对，自主神经系统的高激活状态会逐渐消失，情绪事件结束；如果个体认为自己不能应对，就可能保持自主神经系统的高激活状态，进而导致压力和焦虑等情绪。

应对主要是指个体采取措施和对策来面对出现的威胁和挑战，包括回避、忍受和接纳这些威胁，也包括主动对环境进行控制。应对方式可分为问题聚焦型应对方式和情绪聚焦型应对方式。问题聚焦型应对方式是指通过直接对环境和刺激事件本身进行改变来解决个体压力，而情绪聚焦型应对方式是指不采取直接行动，而是改变自身与外部环境的关系来应对压力。

认知评价理论纠正了以往在传统心理学和哲学中，认为情绪和理智是相互排斥的观念，提出了情绪的产生与认知有紧密联系的观点。此外，该理论把认知与情绪生理学结合起来，既承认了情绪的生理因素，又承认了情绪的社会因素，即情绪会受到个体特征、经验和社会文化等因素的影响。

3.1.2　认知评价理论在本书中的应用

认知评价理论是研究一的主要理论依据，研究一根据此理论提出"员工认知评价→应对策略选择→行为结果"这一思路，从员工层面分析了个体对工作不安全感的认知差异引发员工进行情绪劳动策略的选择而导致员工创新行为的过程机制。具体而言，员工通过对所处的不确定外部环境进行评估，感知到工作持续性的威胁和发展前景的挑战会给他们带来压力，他们会采取相应的措施来应对，即主动调整自己在工作中所表现的情绪，以保住现有工作，并通过积极主动的创新行为以获得长远发展。

由于员工的主观认知和评价具有差异性，即使处于相同境遇，不同员工可能产生不同程度的工作不安全感，进而可能采取不一样的应对策略。情绪劳动可分为表层策略和深层策略，其本质是个人根据组织制定的情绪管理目标所进行的情绪调节过程。员工采用不同的情绪劳动策略势必会导致不一样的行为结果，因此这是一种应对压力的重要策略（Diefendorff & Gosserand，2003）。

综上，当员工在工作场所感到不安全时，其压力认知评价会使员工采用不同的情绪应对策略，从而对创新行为产生不同的影响。

3.2 资源保存理论

3.2.1 资源保存理论的主要观点

资源保存理论（conservation of resources theory，COR）是由 Stevan Hobfoll（1989）首先提出的。资源保存理论认为，个体都具有保存和保护现有资源不被损害和获取新的资源的倾向。无论是潜在的资源损失或已实际发生的资源损失，还是个体已付出努力但未获取到新的资源都会导致个体的紧张，都会使个体产生压力（Hobfoll et al.，2018）。

Hobfoll（1989）把资源分为了四种类型：①包含固有物理属性的汽车、房屋等物质资源；②对个体工作、生活有积极意义的资历、职位等条件资源；③能帮助个体抵抗压力的智力、自我效能感等个体特征资源；④能帮助个体获取额外资源的时间、金钱等能量资源。

Halbesleben 等（2014）基于 Hobfoll 的观点，从个体保存和资源获取的视角出发，对资源保存理论的观点进行了补充和界定，提出了资源保存理论的五个原则和三个推论。五个原则包括：①损失优先原则，即相对于获得新的资源，个体对已有资源的损失更为敏感，资源的损失对自身的影响更为明显，持续时间也更长；②资源投资原则，即个体会投入新的资源来保护已有资源不再遭受损失，帮助自己从资源丧失中快速复原并获取更多新资源；③获得悖论，即已遭受了资源损失的个体，更需要注入新的资源来弥补和防御未来可能的损失；④资源绝境，即个体的资源面临耗竭时，会触发个体的防御机制来为自身提供缓冲时间，比如出现攻击性行为和非理性行为；⑤资源车队和通道，即个体和组织所持有的资源并不是独立存在的，而是像车队一样相互联系，个体和组织资源的形成也源于相同的外部生态环境，犹如车队行驶的车道。值得关注的是，虽然外部生态环境会为个体和组织带来资源，但也可能形成障碍。三个推论包括：①初始资源效应，即个体初始所储备的资源与其抵御损失的能力相关，丰富的初始资源储备有助于减少个体资源损耗，也有助于个体更容易获取新的资源；②资源损失螺旋，即最初的资源损失可能会引发个体遭受更多的资源丧失，具体而言，遭受资源损失的个体会使新资源减少，抵御未来资源损失的能力也随之下降；③资源获取螺旋与资源损失螺旋相对应，即最初的资源获取有利于个体去获取更多的新资源。

资源保存理论虽然是根据压力应对提出的，但在过去 30 多年间，被广泛应用到心理学、组织行为学等领域。总体而言，资源保存理论同时探讨了个体在处于压力情况和处于非压力情况的心理反应和行为反应，还为个体如何应对压力和预防压力的产生提供了简明扼要又可行的方法。

3.2.2　资源保存理论在本书中的应用

资源保存理论是研究一的补充理论，研究一基于此理论引入了组织支持感这一调节变量，探讨了这一调节变量在"工作不安全感→情绪劳动→员工创新行为"这一路径中起到的调节作用。当员工感知到未来工作存续受到威胁时，这种工作不安全感会给自己带来较大压力。为了避免未来失去工作，员工需要进行情绪劳动以保住现有工作，避免真实的资源丧失。但不同情绪劳动策略会导致创新行为的不同结果，组织支持感就会在此时发挥作用。

具体而言，员工在使用表层策略时，已经消耗了大量自身资源，而创新也需要付出努力，且创新失败会导致更多的资源损失。根据资源保存理论，员工具有保存、保护和获取资源的倾向，为避免自身资源的损失，员工会偏向基于过去成功的经验处理问题，从而表现出较低的创新意愿。而组织支持作为一种组织资源，会使员工感知到来自组织的支持与认可，这种组织资源可以弥补员工已损耗的资源，帮助员工积极应对工作中的挑战，从而减少了表层策略对创新行为的负向影响。

此外，采用深层策略的员工通过主动调整自身内心感受，"真情实意"地表现出符合组织要求的情绪，此类员工长期处于内心感受和外在表现协调的状态下，会随着时间的推移获得新生的心理资源，这是员工产生创新行为的内部资源。另外，采用深层策略的员工在工作中会表现出积极向上的情绪状态，更愿意积极地与客户、领导和同事沟通、交流，这能给周围的人带来真实且诚挚的感受，从而获得领导、同事和客户的支持与认同，产生积极的互动关系，这既是一种资源补偿的途径，也是员工创新行为的外部资源。组织支持这种组织资源，会进一步丰富和补充员工的资源。

3.3 团队 IPO 理论

3.3.1 团队 IPO 理论的主要观点

团队 IPO（team input-process-output theory）理论是由 Steiner（1972）和 McGrath（1984）提出的。之后，学者们围绕着团队 IPO 模型展开了大量研究，在推动团队有效性的研究方面取得了较为丰硕的成果（Mathieu,Tannenbaum, Donsbach & Alliger, 2014）。其中，团队输入因素侧重于团队成员属性或这些属性组合对团队过程及团队结果的影响，常见的团队输入有个体特征（Peeters, Tuijl, Rutte, et al., 2006）、团队因素（杨洁，张露，黄勇，2020）以及组织情境（马迎霜，陈芳，张昊民，等，2020）；团队过程包括团队反思、团队信任、团队沟通、团队冲突等因素，描述的是团队输入要素如何转化为团队输出；而团队输出则是指团队活动的副产品，包括团队绩效、团队成员的行动、情感反应等。

（1）团队输入。Mathieu、Maynard 和 Rapp（2008）认为，团队构成要素（如团队成员个性特征）和团队层面特征（如团队玩兴氛围）是团队研究中最常见的、最重要的两类团队输入变量。一是团队构成要素，聚焦团队成员的技能、工作经验、价值导向等团队成员的个体特征的组合，认为员工嵌入团队，可以将某些个体特征聚合到团队层面（计算平均或差异的方式）来表征团队共享属性，并用于解释其发挥的影响和作用。二是团队层面特征，表征了团队"整体"属性（Cooke, Kiekel, Helm, 2001），如团队互依（胡琼晶，魏俊杰，王露等，2021）、团队氛围（杨洁等，2020）、团队工作特征（马迎霜，陈芳，张昊民等，2020）。

（2）团队过程。团队过程被视为"打开团队输入转化为团队结果的'黑箱'"。需要说明的是，团队过程不仅包括团队内外成员间的互动活动，而且涵盖了诸如团队成员共享的认知、动机、情感等突发状态（emergent states）。例如，Cohen 和 Bailey（1997）提出，团队内外成员间的交互过程解释了团队互动过程；还有学者拓展了上述观点，将团队过程解释为团队成员之间广泛的互动过程（Marks, 2001），不仅包括正式或非正式语言的人际互动过程等外显方式，而且包括团队共享认知等方式。不可否认的是，学者们均认同团队过程是团队内成员间的交互，以及团队成员与其周遭环境之间的交换过程。

如果说团队输入是分析哪些团队因素影响结果产出，那么团队过程则是解释团队特征如何影响团队产出，为揭示团队有效性提供了重要的路径索引。Marks、Mathieu 和 Zaccaro（2001）将团队过程划分为转化过程、行为过程和人际过程三种类型。其中，转化过程关注团队发展初期的团队活动，其主要任务是确定团队目标、战略制定、任务分解等早期计划阶段的任务；行为过程侧重于团队运行阶段的团队过程，其主要任务是确保团队运行过程不发生偏差，如目标监控、系统监控和团队监控等；人际过程关注如何塑造团队成员间的关系，其任务是确保团队人际关系能够有效支撑团队目标的完成，如冲突管理、情绪管理、动机管理等。此外，学者们还从团队学习、行为整合、交互记忆系统等视角解释了团队行为及突显状态（Mathieu et al.，2008）。

3.3.2　团队 IPO 理论在本书中的应用

团队 IPO 理论是研究二的主要理论，研究二根据 IPO 理论的"团队输入→团队过程→团队输出"这一思路，探讨了团队层面的工作不安全感如何对团队反思产生作用，进而影响团队创新。此外，基于此理论，研究二引入团队成员的知识异质性作为调节变量，探讨其在团队层面的"工作不安全感→团队反思→团队创新"这一路径中的调节作用。

具体而言，团队层面的工作不安全感这种压力氛围属于团队社会情境，本书把它作为影响团队创新的输入因素。经历工作不安全感的团队会通过团队互动来缓解工作不安全感，从而促进团队进行反思，积极寻找未来的应对方案。团队成员在团队反思这个过程中的积极互动，会激发团队成员想出对未来行动的多种规划，进而促进团队创新。

此外，IPO 理论认为，团队的组成结构会对团队过程产生影响。本书引入团队知识异质性这一变量作为调节变量，探讨了团队知识异质性程度对团队反思的影响在工作不安全感对团队创新关系中起的中介作用，以求更全面地理解此团队过程。

3.4 积极情绪扩展–建构理论

3.4.1 积极情绪扩展–建构理论的主要观点

积极情绪扩展–建构理论是由 Barbara Fredrickson 提出的。情绪与情感相关，又有别于情感。情绪是一种较为强烈的情感，是对某个客观事物的心理反应，包括人、物或事件。以往学者主要研究的是消极情绪及其对应的行为倾向，如愤怒情绪会诱发攻击行为，恐惧情绪会引发逃避行为。积极情绪–建构理论包括以下三个方面的核心内容：

（1）该理论构建了快乐、感激、兴趣、希望、自豪等十种最具代表性的积极情绪，并归纳了每种情绪所评估的环境、行动倾向、累积的资源等。比如，希望这种情绪，所评估的是既担心糟糕的事情发生，又期望更好的状态；对应的行动倾向是为美好的未来做计划；所累积的资源是韧性和乐观。

（2）该理论提出了两个核心假设。其一是拓展假设，即拓展了个体的瞬间思维–行动范围，通过拓展个体的认知范围、行动范围等，使得个体思维变得更加灵活、创新且富有整合性、开放性和高效性，对个体产生即时效益；其二是构建假设，即被拓展的个体的思维和行动范围有助于个体拥有更完善的智力资源，帮助自己解决新的问题，习得新的知识；在身心健康方面也会帮助个体身体更加协调和健康，帮助其拥有积极乐观和坚韧不屈的心理状态；此外，在社会资源方面，也会巩固个体现有的社会网络并帮助个体建立更宽泛的社会联结。这些资源的构建对个体大有裨益。

（3）该理论还提出了两个辅助假设。其一是撤销假设，其含义是消极情绪可能会给个体带来较为持久的负向影响，然而积极情绪可以减少或者撤销这一负向影响。其二是螺旋上升假设，其含义是积极情绪通过给个体带来适应性益处，会使得个体变得更加有韧性、自信，在未来可能感受到积极情绪，从而形成良性循环。

3.4.2 积极情绪扩展–建构理论在本书中的应用

积极情绪扩展–建构理论是研究二的补充理论，研究二主要基于此理论引入了"团队情绪氛围"这一调节变量，探讨了其在"工作不安全感→

团队反思→团队创新"这一路径中起到的调节作用。具体而言，团队在反思过程中需要根据团队内外部环境明确团队目标和计划等，积极的情绪氛围会增加个体可用的认知因素的数量并拓宽解决问题因素的广度，同时也会促使不同的认知因素相互联结，团队会追求新颖的、具有创造性的思想与行动的路径，从而有助于团队创新。

积极情绪能使个体更富有创新性。由此可见，处于积极情绪氛围中的团队，在面对和处理一些创造性的问题时，可能会更加雷厉风行、事半功倍。此外，处于积极情绪氛围中的团队成员往往也会呈现出更多的扩展性互动和开拓性互动，这种积极互动有利于团队学习，进而对团队创新产生正向影响。此外，积极的情绪有利于个体认知拓展和自发性提高，在团队反思和交流中，团队成员才更愿意在他人想法的基础上提出有价值的想法，从而促进团队创新。

4 研究一：工作不安全感与员工创新行为

创新对组织的生存和发展至关重要，尤其在服务型企业，人力资本是第一资源，员工是激发组织创新的微观主体。但环境的不确定性对员工与组织关系产生了消极影响，引发了员工的工作不安全感。本章将以认知评价理论和资源保存理论为基础，分析工作不安全感对服务业员工创新行为的影响机制。本章的研究结果表明，情绪劳动是解释这种关系的关键路径，而组织支持感是影响此路径的情境变量。本章通过对 810 名服务业员工的数据进行检验，得到了如下结论：工作不安全感一方面可以引发深层策略，从而间接增加服务业员工的创新行为，另一方面也会导致表层策略，从而间接抑制服务业员工的创新行为，其中深层策略的间接效应更强；此外，在高组织支持感的环境中，工作不安全感经由深层策略间接影响服务业员工创新行为的积极作用更强，而工作不安全感经由表层策略间接影响服务业员工创新行为的消极作用降低。

4.1 问题的提出

大数据、云计算、人工智能等数字技术正逐步改变工业经济的根本，现代社会进入了数字经济时代。颠覆性技术或破坏性技术屡屡出现（Clayton，2010），易变性、不确定性、复杂性和模糊性已然成为普遍现象（丁威旭，大卫·梯斯，李平，2019），这一浪潮催生了自组织、平台组织等新型组织形式，组织变革成为常态（彭剑锋，2015）。一系列的组织变革无疑能降低产品成本，提升组织的适应能力（Aguiar-Quintana，2021），但也引发了员工在工作场所中的无助感和不安全感，即工作不安全感（Ashford et al.，1989）。新冠疫情更加剧了员工的工作不安全感，其中，服务行业受到的冲击尤为严重，在媒体报道中，出现了诸如"解散员工""减员""集体降薪"等消息。显然，组织和员工如何正确认识工作不安全感的影响，是一个值得学术界和实践界关注的话题。

服务型企业需要打破传统，提高服务质量和服务水平，及时、准确地满足消费者的多元化需求（Chuang & Liao，2010）。与传统的制造型企业相比，服务业人员与顾客直接接触，通过提供创造性服务或构建个性化服务流程，以满足顾客的多样化需要，带来高水平的顾客满意度，达到吸引和保留客户的目的（齐蕾，刘冰，宋延政，等，2019）。由此可知，员工所提供的服务方式能否满足顾客需要将决定服务型企业能否在危机情况下获得竞争优势。因此，服务业员工的工作不安全感对员工创新行为的影响和作用机理亟待探究。

目前，国内外学者主要从资源保存理论（刘淑桢，叶龙，郭名，2019）、不确定性管理理论（朱朴义，胡蓓，2014）、社会交换理论（Niesen，Hootegem，Elst，Battistelli，2018）等角度解释了工作不安全感对员工创新行为的作用机制，揭示了其背后隐藏的情感、资源和心理契约违背等基本逻辑。工作不安全感作为在危机情况下员工主观认知评价的一种压力源（冯冬冬，陆昌勤，萧爱铃，2008），与创新行为之间关系的实证研究结果并不一致。有一些研究表明，工作不安全感可能引发员工的消极情绪（张亚军，张金隆，张军伟，2015），对其创新行为产生负面影响（Gilboa，Shirom et al.，2008）。一些学者却认为，"无忧无虑"的工作难以激发员工产生创新行为（刘淑桢，叶龙，郭名，2019）。还有学者认为，应该从正（倒）"U"形关系角度来挖掘和解释工作不安全感与员工创新行为的联系。认知评价理论认为，个体在面对压力事件时，会对这些压力源进行主观的认知评价，并采取相应的策略（Lazarus & Folkman，1987），进而产生行为结果。服务产品具有无形性、生产和消费的不可分离性等特征（Raub & Liao，2012），这就要求与顾客频繁接触的一线服务人员不仅需要在工作中付出体力和脑力，还被要求展现出规范和恰当的情绪，进行情绪劳动。由于适宜的情绪表达有助于带来高水平的工作表现并巩固员工在组织中的地位，情绪劳动策略无疑是服务人员在工作场景中的重要应对策略。所以，本章尝试从认知评价视角，探索紧急情况下工作安全威胁如何诱发不同的情绪劳动策略，进而影响员工创新行为。

笔者在梳理相关文献后发现，学术界在工作不安全感对员工创新行为产生影响的作用机制方面还未达成共识，这说明其作用过程还可能受到其他因素的影响。资源保存理论指出，工作资源是压力源作用机制发挥的情况变量（文吉，侯平平，2018）。来自组织、领导、同事的支持与关怀，是员工在工作场所获取工作资源的重要途径。为此，本章拟探析组织支持感如何调节工作不安全感与员工创新行为的关系。

综上，本章基于认知评价理论和资源保存理论，尝试拓展工作不安全感影响员工创新行为的作用机制，厘清表层策略与深层策略的潜在中介机制和组织支持感的调节作用。

4.2　理论基础与研究假设

本章遵循"员工认知评价→应对策略选择→行为结果"这一思路得到了如下结论：认知评价理论可以为具有工作不安全感的员工为何产生创新行为提供解释。认知评价理论是由 Lazarus 和 Folkman（1984）提出的，该理论从个人与环境交互的视角解释了人们如何看待和应对压力，其强调员工在初评阶段的认知评价和次评阶段的应对能力在其中所发挥的重要作用。初评时，人们对压力事件进行定义，并将其划分为伤害、威胁和挑战三种形式，其中，伤害是指已经导致损失，威胁是指尚未发生但预估有损失的可能性，挑战是指压力事件带来的收益可能超过成本。次评时，员工会根据自身掌握的资源来评估和选择有效的压力应对策略。

工作不安全感被认为是最常见的工作压力源之一（Ashford et al.，1989；Sverke et al.，2002）。根据认知评价理论的观点，员工对工作安全威胁的主观认知和评价是存在差异的，不同员工对于未来工作可能存在的风险及其程度高低会有不同的感受和评价，最终会影响员工选择不同的应对策略。在服务互动场景中，一线员工与顾客频繁接触以提供服务产品，在此过程中，需要向顾客表现出积极的情绪，那么情绪劳动策略无疑是服务业一线员工在工作场景中感受到工作安全威胁后的应对策略之一（Diefendorff & Gosserand，2003），而员工不同的情绪劳动策略会进一步诱发不同的工作行为结果（如创新行为）。

4.2.1　工作不安全感与情绪劳动

工作是大多数人获得收入、个人身份和社会地位的重要手段。如果员工感知到无力抵御与工作相关的威胁，就会产生工作不安全感。工作不安全感会引发员工沮丧、痛苦、生气等负面情绪（张亚军，张金隆，张军伟，2014），但服务型企业需要员工在服务过程表露出积极情绪来满足顾客的需要，以符合组织期望的情绪表达方式和规则要求。服务业员工被要求克制自我的负面情绪，避免引发消费者的不满。员工在服务交互过程中对自我的情绪表达进行不断调整的过程，即为情绪劳动。有学者将情绪劳动定义为员工监控和调节自身的心理感受，从而使员工表现出与组织期望一致的情绪（Hochschild，1983），这是一种在服务交互场景中的自我情绪调节策略。根据服务业员工的情绪认知与组织期望的情绪表达是否一致，Groth等（2009）进一步将情绪劳动策略划分为表层策略和深层策略。本书认为，一旦服务业员工认为无法满足组织的期望时，就会引发他们的工作不安全感体验，唯有在与顾客服务互动过程中使用表层策略或深层策略等来调节情绪表达方式，满足顾客需要，才能保住现有工作岗位。

工作不安全感是一种阻碍性压力源（Lepine，2005）。根据认知评价理论的观点，当员工认为自己无力应对工作安全威胁时，会给出威胁性评价和应对策略。具体来说，员工为了保住现有工作，会在服务过程中更加谨慎，即便面临与其真实情绪认知不一致的情况，也会努力在情绪表达上克制自己的真实想法，并表现出符合组织期望的情绪表达，即表层策略，以避免冲突并获得顾客的认可。上述观点与资源保存理论的逻辑是一致的，根据 Hobfoll（1989）提出的资源保护的首要原则，工作不安全体验意味着员工对未来工作的持续性和稳定性产生担忧，从而产生资源损失威胁的认知。而工作又是人们是获得收入、个人身份和社会地位的重要手段，因此员工即便违背了自身真实感受，也会在服务过程中选择表层策略。表层策略是指员工会在服务过程中调整自身的面部微表情以迎合组织情绪表达期望，在面临资源损失的情况下能以较少的情绪资源投入来做出回应。此外，Hülsheyer 等（2013）也发现，在愤怒事件或压力情况下，员工往往倾向于选择表层策略。

深层策略是指员工积极做出调整，以使内心的真实情绪认知与组织期望的情绪表达一致。工作不安全感可能会促使服务业员工选择深层策略。

因为工作不安全感可被视为一种挑战性压力源（Gilboa，2008），员工视其为能力范围内的挑战并判断自己有能力处理好以获得的收益（如成长与发展）。因此，在面对挑战性压力的情况下（如重要工作资源面临威胁），员工也会选择积极的应对策略（如深层策略）。此外，资源保存理论指出，人们不仅在资源受损或面临威胁时选择保护现有资源，也愿意投入资源以获取额外资源（Hobfoll，1989）。作为一种挑战性压力源，员工对工作不安全感的挑战性评价会使他们对未来回报有所期待，例如，员工通过改进工作方式（刘淑桢等，2019）、创新性地满足顾客需要，有可能转危为机，在未来不仅能维持更稳定的工作，而且有机会实现自我的发展与成长（Sacramento，Fay & West，2013）。这样必然会使员工自发地调整情绪认知，以符合组织情绪表达的期望和标准，采用深层策略来应对。因此，本章提出如下研究假设：

H1a：工作不安全感对表层策略具有正向影响。

H1b：工作不安全感对深层策略具有正向影响。

4.2.2　情绪劳动与创新行为

在服务行业，产品具有无形性、生产和消费的不可分离性等特征（Raub & Liao，2012），这就决定了服务业员工是服务企业创新的微观载体。员工创新行为是员工旨在工作中产生新颖的、有用的想法或解决方案，并寻求新想法落实的行为活动（Scott & Bruce，1994），这对提升组织绩效至关重要。但是，创新意味着承担风险，要求创新主体持续性地投入，在不确定性的环境中不断克服困难（Bandura，1997），这就预示着员工在创新过程中需要损耗大量的个人资源和工作资源来维持其创新性活动。情绪劳动的表层策略和深层策略可能会对员工创新行为产生不同的影响。

具体而言，采用表层策略的服务业员工通过"强颜欢笑"使表现出的情绪符合组织期望，这类表达方式虽然符合组织要求、能够避免人际冲突，并获得顾客认可，但也意味着员工需要持续不断地监控和调整自我的外在情绪表达，这种外显情绪表达与自我的真情实感并不一致，势必造成内心冲突，需要员工投入大量的自我情绪资源进行控制，容易导致员工自我损耗（Céleste，Brotheridge，Grandey，2002）。此时，使用表层策略的员工很难在服务过程再投入个体资源进行创新活动。不仅如此，创新带来的颠覆、风险可能导致个体投入其中的资源存在高概率的损失。根据资源保存理论（Hobfoll，1989），对于资源匮乏的个体而言，在面临自身资源进一步损失的情况时，其倾向于减少资源投入，从而减少创新行为。

采用深层策略的服务业员工通过积极调整内心的情绪，认同组织期望的情绪表达并在服务互动过程中表现出"真情实意"，此时员工的内心感受与外显的情绪表达是一致的，久而久之，员工能够从中获得积极的心理资源，这为员工参与创新活动提供了个人资源支持。此外，采用深层策略的服务业员工会在工作中体验到积极向上的情绪状态（文吉，侯平平，2018），更愿意主动地构建起基于客户、领导和同事的社会网络关系。由于"表里如一"，周遭的人也能接收到员工的真情实意而非印象管理的信号，从而更容易获得领导、同事和客户的接纳与认可，这被认为是建立积极人际互动关系的基础，为员工创新活动搭建了获取外部资源的通路。有学者证实，服务业员工的表层策略会对其工作表现产生消极影响，而深层策略则对其工作表现具有积极作用（王西峰，2016）。因此，本章提出如下研究假设：

H2a：表层策略对员工创新行为具有负向影响。

H2b：深层策略对员工创新行为具有正向影响。

4.2.3 情绪劳动在工作不安全感与员工创新行为之间的中介作用

综上所述，在面临危机环境的威胁时，员工既担忧未来工作的持续性而产生工作不安全体验，又面临服务企业的情绪表达期望而审慎地"掩盖"自己内心真实的情绪感受。长期置于"伪装"的环境使得员工内心煎熬，导致员工在工作中的创新行为难以为继。工作不安全感可能会导致员工采用表层策略，从而降低了创新活动的水平。然而，压力源的双面性也揭示了工作不安全感可能引发员工的消极情绪，员工也能够选择积极的自我调节策略，主动重塑自我的情感认知，使其与组织期望的情绪表达方式相吻合，从而缓解工作不安全体验的消极影响，并通过创新行为来地捕获和满足顾客的多元化需要，即工作不安全感会激发员工的深层策略，进而提高创新活动的水平。因此，本章提出如下研究假设：

H3a：工作不安全感经由表层策略对员工创新行为产生间接的消极作用。

H3b：工作不安全感经由深层策略对员工创新行为产生间接的积极作用。

本章推测，相较于表层策略，深层策略在感知工作不安全与员工创新行为关系中的间接作用更强。由资源保存理论可知（Hobfoll, 1989），相比消极地响应压力环境而采取资源保护策略的员工，积极自我调节的员工更容易适应压力环境，其资源投资策略带来的新的员工资源或外部资源将会引发"螺旋上升"的资源增益效应，长远来看，对员工的积极影响会更深远和持久。具体来说，在面临工作延续性或发展前景受阻的威胁时，为保住现有工作或赢得良好发展空间，员工更倾向于主动地调整自我的内心感受，展现出与组织期望一致的情绪表达方式，以期摆脱不安全的环境，从而表现出更多的创新行为。

H3c：相较于表层策略，深层策略在工作不安全感与员工创新行为关系中的间接效应更强。

4.2.4 组织支持感的调节作用

由于员工在情绪劳动的过程中需要调动大量的情绪资源来调节自身情绪表达，以符合和应对工作要求，员工在经历情绪劳动后可能会给自身工作行为带来负面影响，比如减少创新行为。对于这种可能的负面影响，组织并不是束手无策的，而是可以通过增加对员工的关怀，使员工感知到来自组织的支持以缓解情绪劳动对自身创新行为的负面影响（李嘉，徐彪，李相玉，2015）。根据资源保存理论的观点（Hobfoll, 1989），员工可以从外部环境中获取资源，组织支持感正是一种来自组织的资源，是有价值的工作资源（Demerouti & Bakker, 2011）。Erdogan、Kraime 和 Liden（2004）也指出，组织支持感是影响员工行为结果的一个关键组织情境因素。Eisenberger（1986）把组织支持感的概念界定为员工主观感知到的组织对自己所做贡献的重视程度，以及对自己的福利待遇的关注程度。当员工深切感受到来自领导、组织的关怀和欣赏时，他们才可能油然而生"主人翁精神"（许璟，赵磊，魏丽华，等，2017），并将组织目标视为个人目标，愿意为组织发展贡献自己的力量（O'Driscoll, 1999）。此外，在以往研究中，也有学者建议从"人与情境"交互的视角来探究员工的态度和行为（Caldwell, 2004；韩锐，李景平，张记国，2014）。因此，本章将组织支持感作为调节变量，认为这种来自组织的工作资源能够缓解员工因情绪劳动引发的消极体验，并且是员工创新行为的催化剂。

具体来说，面临工作不安全感带来的压力时，员工会选择表层策略和深层策略来应对，在此过程中员工将消耗大量的自我控制资源，如果不能得到有效恢复和缓解，置身其中的员工将陷入"螺旋下降"的个人资源损耗状态。而组织支持使得员工获得来自领导、同事的认可与关怀，产生积极情绪体验（陈志霞，廖建桥，2006），补偿因情绪劳动策略引致的资源损耗，帮助员工有能力直面挑战，从而更加愿意在服务互动过程中努力捕获顾客的个性化需求，尝试创新和突破来满足其需求。文吉等（2018）也证实，高水平的组织支持感知能有效缓解表层策略对员工工作满意度的负向作用，与此同时，还能强化深层策略对员工工作满意度的正向作用。因此，本章提出如下研究假设：

H4a：组织支持感调节表层策略与员工创新行为的关系，相比低水平的组织支持感，高水平的组织支持感会减弱表层策略对员工创新行为的消极作用。

H4b：组织支持感调节深层策略与员工创新行为的关系，相比低水平的组织支持感，高水平的组织支持感会增强深层策略对创新行为的积极作用。

根据 H3a 和 H4a，以及 H3b 和 H4b，本章进一步提出，工作不安全感经由表层策略和深层策略影响员工创新行为，但其间接效应受到组织支持感的影响。因此，本章提出如下研究假设：

H5a：组织支持感调节了工作不安全感经由表层策略间接影响员工创新行为的过程机制。相较于低水平的组织支持感，高水平的组织支持感会减弱表层策略的消极中介作用。

H5b：组织支持感调节了工作不安全感经由深层策略间接影响员工创新行为的过程机制。相较于低水平的组织支持感，高水平的组织支持感会增强深层策略的积极中介作用。

综上，研究一的理论框架如图 4-1 所示。

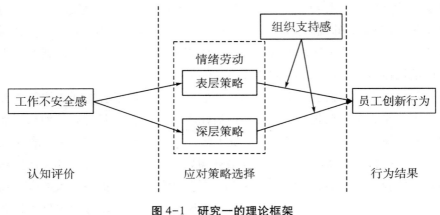

图 4-1　研究一的理论框架

4.3　研究方法

4.3.1　问卷设计

本章选择具有针对性且成本相对较低的问卷调查法收集数据。在设计调查问卷时，笔者对调查问卷的形式和程序都经过了反复的考量，尽最大努力确保调查问卷适合阅读，量表题项描述没有歧义。

4.3.1.1　量表的翻译

本章所选择的量表均为国外学者编制且有较高信度、效度的成熟量表，被国内外学者广泛使用。在量表的题项翻译方面，我们努力达到"信、达、雅"的翻译标准。本章需要翻译的量表包含工作不安全感、情绪劳动（包括表层策略和深层策略）、员工创新行为、组织支持感。为了准确表述，我们采用了回译法对量表进行翻译（Brislin，1970）。

在翻译时，首先将选取的量表进行初步翻译，根据对英语题项的理解，采取直译和意译相结合的方法形成第一版调查问卷。其次，请两位英语专业的老师（有管理学专业学习经历）将已翻译成中文的量表再次转译成英文。最后，请母语为英语的老师把原始英文量表和回译所得的量表进行对比，对表述差异较大的题项再进行讨论和修改，形成正式的调查问卷。

4.3.1.2 根据量表内容编制调查问卷

调查问卷的调查对象是服务型企业的一线员工。调查问卷需要分两个时间点来收集。笔者一共设计了两套调查问卷，即第一阶段调查问卷（员工）和第二阶段调查问卷（员工）。问卷内容包含问候语、量表题项等信息。

（1）问候语放在问卷的开头，友好地向参与人表示感谢。告知参与人此调查问卷仅为了学术研究而进行发放，所有回收的调查问卷仅用于整体性分析，不会对个体调查问卷进行单独分析。问卷调查是匿名的，笔者会对调查问卷内容保密。此外，还告知了调查问卷填写的参考时长，让参与者对填写调查问卷的时间有心理预期，根据参考时长选择合适的时间来填写调查问卷，以保证调查问卷的质量。问候语的最后还附上了笔者的联系方式，方便参与者联系到笔者。

（2）变量量表是调查问卷的核心部分，包括了各个变量的测量题项和可供选择的程度编号。整套调查问卷包括工作不安全感 7 个题项、员工创新行为 6 个题项、情绪劳动 6 个题项（其中测量表层策略和深层策略各 3 个题项）、组织支持感 8 个题项。

（3）基本信息指的是人口统计学的特征，包括性别、年龄、学历、婚姻和工作年限。

4.3.1.3 发放形式的选定

本书采用纸质调查问卷和网络调查问卷结合的方式收集数据。纸质调查问卷和网络调查问卷有各自的优点，纸质调查问卷是较为传统的调查问卷填写方式。根据以往研究，参与者在回答纸质调查问卷时，往往会比较认真，调查问卷质量比较有保障。而网络调查问卷更具有便利性，成本也较低，传播面也更广一些，有利于收集更多的样本。在互联网时代，网络调查问卷也符合大众的习惯。由于收集调查问卷的时期处于新冠疫情期间，纸质调查问卷的收集范围有限，网络调查问卷可以作为一种补充方式，所以本章采用纸质调查问卷和网络调查问卷相结合的调查问卷发放形式。

4.3.1.4 调查问卷的内容与外观设计

为了让参与者在阅读调查问卷时能有赏心悦目的感觉，本章在调查问卷的外观上也进行了设计，以给参与者更好的体验并提高参与者答题的认真程度，从而提高调查问卷的质量。具体而言，在文档字体和段落方面，调查问卷使用的字体是最常用的宋体，字号为 4 号字，行距为 1.5 倍。在量表的相邻题项，笔者填充了不同颜色的背景，一深一浅的背景使参与者的体验感更好。调查问卷在打印时，采用了 80 克的 A3 纸打印成双面小册子，方便参与者在填写调查问卷时翻阅。

此外，我们在装调查问卷进信封的同时，也放入了两枚 3M 独立包装的口罩，因处于新冠疫情时期，防疫物资比较实用，以表达对参与者的感谢。笔者还定制了彩色贴纸贴在信封上，在增强了严肃性的同时，也增添了美感。另外，笔者还事先在信封封口处贴好双面胶，方便参与者在填写完调查问卷之后封起来，也能让参与者感觉到隐私被保护，可放心填写调查问卷。

网络调查问卷和纸质调查问卷的内容相同，调查问卷设计根据调查问卷星网站的模板进行排版，采用白色背景。网络调查问卷的封面是自定义封面。调查问卷的标题设置为和本校校徽一致的蓝色，每一题的题干文字调整成为红色，显得更加醒目，帮助参与者在填写调查问卷时能更加清晰地辨识题干内容。网络调查问卷中要求参与者填写邮箱地址以便我们发放第二次调查问卷。网络调查问卷设置了红包发放环节，参与者填写好调查问卷并提交后，我们会对调查问卷进行审核，查看调查问卷信息是否填写完整，通过审核后我们会向参与者发放 10 元红包作为感谢。

4.3.2 样本与数据收集

调研样本来自北京、成都、济南等地的 12 家服务型企业，包括银行、教育培训、餐饮、旅游、房地产、汽车销售等领域的企业。这 12 家服务型企业是根据现代服务业的分类，并结合自身资源以便收集调查问卷来选取的。由于发放调查问卷的时期正处于疫情期间，数据收集有一定难度，所以只能根据现代服务业的分类，并结合自身人际资源尽最大可能选取了不同类型的服务型企业并采用便利抽样的方法，以保证调查问卷的顺利发放和回收率。

纸质调查问卷的数据收集工作是通过联系这些企业的主要负责人开展的，笔者给他们解释了此次调研的目的、收集调查问卷的方法和大致流程，希望能得到他们的帮助。笔者也承诺该问卷以匿名方式填写并会保密，且只做整体分析。在他们的帮助和协调下，笔者才能完成此次问卷的发放和收集。网络调查问卷的数据收集方法为：找到几位在汽车销售服务公司担任销售主管的朋友通过其人际圈帮忙进行发放。

为了减少同源误差，本章采用多时点的数据收集方式。本章分两轮来获取数据，两轮之间的时间间隔为四周。在第一个时间点，测量了员工的工作不安全感和组织支持感，以及人口统计学变量（性别、年龄、学历、婚姻和工作年限）。在第二个时间点，测量了员工的情绪劳动和创新行为两个变量。具体而言，纸质调查问卷在第一阶段发放了 780 份，收回 720份。第二阶段发放调查问卷前，跟人力资源部门核实了第一阶段参与调查的人数，发现在第一轮和第二轮时间间隔中，有 14 名员工有离职或岗位变动情况，故向第一轮填写问卷且现在职的 706 发放了第二轮调查问卷，第二阶段收回 668 份。两轮调查问卷回收完成后，对问卷进行整理，连续出现 5 个以上同一答案或缺失值较多的调查问卷被视为无效调查问卷，在剔除掉 36 份无效调查问卷后，最终获得有效纸质调查问卷 632 份，有效问卷回收率约为 81%。网络调查问卷在第一阶段发放 258 份调查问卷，收回 227 份；第二阶段发放 227 份调查问卷，收回 194 份。通过对调查问卷进行整理，剔除掉 16 份无效调查问卷，最终获得有效调查问卷 178 份，有效调查问卷回收率约为 69%，网络调查问卷的回收率低于纸质调查问卷。

综上，通过纸质调查问卷和网络调查问卷的发放和收集，一共收回了 810 份有效调查问卷，其中纸质调查问卷占比 78%。在收集到所有纸质调查问卷和网络调查问卷并进行整理之后，为了了解这两种不同来源的数据在人口统计学变量方面是否存在较大差异，我们进行了 T 检验。检验结果表明，所有的 p 值都大于 0.05，这就证明两种数据来源不存在显著的差异。

问卷分析的结果如下：

（1）员工性别。从参与调研的员工性别结构分布来看，所收集样本中男性员工共计 345 名，约占总数的 42.6%；女性员工共计 465 名，约占总数的 57.4%。男女比例基本平衡，女性稍多，符合服务型企业的员工性别特征。

（2）员工年龄。从员工的年龄分布来看，所收集样本中 25 岁及以下的员工共计 218 人，占总数的 26.9%；26 岁至 35 岁的员工共计 294 人，占比 36.3%；36 岁至 45 岁的员工共计 191 人，占比 23.6%；46 岁及以上的员工共计 107 人，占比 13.2%。样本的年龄跨度基本上涵盖了各个阶段，26 岁至 35 岁的员工最多，符合服务型企业的员工年龄特征。

（3）员工教育程度。从员工的教育程度分布来看，所收集样本中高中及以下学历的员工共计 29 人，占总人数的 3.6%；学历为大专的员工共计

119 人，占比 14.7%；学历为大学本科的员工共计 522 人，占比 64.4%；学历为硕士及以上的员工共计 140 人，占比 17.3%。样本的教育程度也基本上涵盖了各个阶段，大学本科学历的员工最多，硕士及以上学历的员工其次，符合新型服务型企业"智力要素密集度高"的特征。

（4）员工婚姻家庭。从员工婚姻家庭情况分布来看，未婚的员工共计438 人，占总人数的 54.1%；已婚的员工共计 273 人，占比 33.7%；离异的员工共计 84 人，占比 10.4%；其他情况的员工共计 15 人，占比 1.9%。未婚的员工数量最多，符合样本年龄特征。

（5）员工在当前企业工作年限（年）。从员工的工作年限分布来看，所收集样本中在现任工作单位工作时长为 1 年（不含）以下的员工共计245 人，占总人数的 30.2%；在现任工作单位工作时长为 1 年（含）至3 年的员工共计 189 人，占比 23.3%；在现任工作单位工作时长为 3 年（含）至 5 年的员工共计 237 人，占比 29.3%；在现任工作单位工作时长为大于 5 年的员工共计 139 人，占比 17.2%。样本的工作年限也基本上涵盖了各个阶段，在现任工作单位工作时长在 1 年及以下的员工最多。

研究一的样本特征见表 4-1。

表 4-1　研究一的样本特征

员工样本特征（$N=810$）		
性别	人数	占比/%
男	345	42.6
女	465	57.4
年龄		
25 岁及以下	218	26.9
26~35 岁	294	36.3
36~45 岁	191	23.6
46 岁及以上	107	13.2
教育程度		
高中及以下	29	3.6
大专	119	14.7
大学本科	522	64.4
硕士及以上	140	17.3

表4-1（续）

婚姻家庭		
未婚	438	54.1
已婚	273	33.7
离异	84	10.4
其他	15	1.9
在当前企业工作年限	**人数**	**占比**
1 年（不含）及以下	245	30.2
1（含）~ 3 年	189	23.3
3（含）~ 5 年	237	29.3
大于 5 年	139	17.2

注：本表"占比"一列的数据因保留小数点后一位，其加总比例有可能不为100%，但误差较小。

4.3.3 变量测量

本章需要测量的变量包括工作不安全感、创新行为、情绪劳动、组织支持感、人口统计学变量（性别、年龄、教育程度、婚姻家庭情况、在当前企业的工作年限）。

4.3.3.1 工作不安全感

不同学者从不同的视角对工作不安全感进行了测量，进而采用不同的测量方法，包括单维度测量法、多维度测量法、复合测量法。本章采用的是 Hellgren 等（1999）提出的量表，此量表的内容简洁明了，所包含的 7 个条目的内容已能比较全面地考量员工在工作条件、工作内容的变化、未来工作发展情况和薪资待遇等方面的情况。此量表已被国内外学者广泛使用和验证，信度和效度都较高。测量工作不安全感时，采用的是 5 级李克特量表评分法，从 1 到 5 代表的是个体态度从"非常不同意"到"非常同意"的逐渐过渡和加深，第 4~7 题是反向表述，具体测试题项见表 4-2。

表 4-2　工作不安全感题项

题项
JI1：I am worried about having to leave my job before I would like to 我很担心我要被迫离开这个组织
JI2：There is a risk that I will have to leave my present job in the year to come 我觉得今年有被解雇的可能
JI3：I feel uneasy about losing my job in the near future 我非常不安，因为不久之后我可能要失去目前的工作
JI4：My future career opportunities in［the organization］are favourable（R） 我在这个组织有很好的职业发展机会
JI5：I feel that［the organization］can provide me with a stimulating job content in the near future（R） 我感觉组织不久后就会给我提供令人兴奋的工作内容
JI6：I believe that［the organization］will need my competence also in the future（R） 我相信组织不久就会需要我的能力
JI7：My pay development in this organization is promising（R） 在这个组织里我的薪酬非常有希望继续上涨

注：JI 代表"工作不安全感（job insecurity）"；R 为反向计分题。

4.3.3.2　创新行为

以往学者将创新行为划分为两阶段、三阶段，主要用三类对应的量表来测量创新行为，即 Scott 和 Bruce（1994）提出的 6 个题项的量表。一些学者还根据 6 题量表，结合创新三阶段理论得到 9 题量表，这个 9 题量表包括新构想的产生、支持和实施 3 个阶段，每个阶段用 3 个题项来测量。Kriton（1976）开发了 32 题量表，出发点是即使面对同样问题，每个人的反应也会不一样，有人会选择适应，而有人会选择创新。因此，此 32 题量表也被称为"适应-创新量表"。

本章采用了 Scott 和 Bruce（1994）提出的量表，包含 6 个题项。对于服务业员工的创新行为，此量表能够较好地测量服务业员工的创新行为。此量表比较符合本章研究的内容，所以本章选用 Scott 和 Bruce（1994）提出的量表，并以自评的方式来测量服务业员工的创新行为。

在以往的员工创新行为研究中，学者们主要关注的群体是研发部门员工，创新的范畴局限于技术领域。虽然近年来逐渐有对服务业员工的创新行为进行研究，但还比较少。随着服务业在经济产值中的占比越来越高，对服务业员工创新行为的研究也是必要的，这也是本书的研究意义所在。此量表的信度和效度已经在众多国内外学者的研究中被验证，均达到较高水准。创新行为的测量采用 5 级李克特量表评分法，从 1 到 5 代表的是个体态度从"非常不同意"到"非常同意"的逐渐过渡和加深。具体测试题项见表 4-3。

表 4-3　创新行为题项

题项
IB1：Searches out new technologies, processes, techniques, and/or product idea 我会主动寻找新技术、流程、技术和/或产品理念
IB2：Generates creative ideas 我会经常产生一些创造性的想法
IB3：Promotes and champions ideas to others 我会向别人推销和沟通自己的新想法
IB4：Investigates and secures funds needed to implement new ideas 我会想办法获得资源以实现我自己的创意
IB5：Develops adequate plans and schedules for the implementation of new ideas 为了实现新想法，我会制定合适的计划和时间安排
IB6：Is innovative 总之，我是一个有创新的人

注：IB 代表"创新行为（inovative behaviors）"。

4.3.3.3　情绪劳动

情绪劳动量表的开发使得情绪劳动可以被量化，但由于情绪劳动在定义上存在差异，相应地，不同概念有着不同的测量方式。总体来说，主要有以下几类具有代表性的量表可对情绪劳动进行测量：Grandey（2003）使用两维度情绪劳动量表，通过 8 个题项测量情绪劳动的"表层扮演"和"深层扮演"这两个维度。Diefendorff、Croyle 和 Gosserand（2005）从三维结构出发，开发了 14 个题项的情绪劳动量表，包含"表层扮演""深层扮演""展现真实感受的情绪"这三个维度。Glomb 和 Tews（2004）根据他们对情绪劳动的定义和维度划分，将情绪劳动划分为"真实的积极情绪展现""真实的消极情绪展现""虚假的积极情绪展现""虚假的消极情绪展现""积极情绪抑制""消极情绪抑制"六个维度。

本章根据模型设计，采用了较为广泛使用的 Brotheridge（2002）提出的量表，以测量表层策略和深层策略两个维度，共 6 个题项，其中 3 个题项对表层策略进行测量，3 个题项对深层策略进行测量。此量表的信度和效度已经在众多国内外学者的研究中被验证，均达到较高水准。同样，表层策略和深层策略的测量采用 5 级李克特量表评分法。员工需要回忆自己在过去 4 周内使用不同情绪劳动策略的情况并进行评级。从 1 到 5 代表的是个体态度从"非常不同意"到"非常同意"的逐渐过渡和加深，具体测试题项见表 4-4。

表 4-4　情绪劳动题项

题项
SA1：Resist expressing my true feelings 在工作中，我会忍住不表达我的真实感受
SA2：Pretend to have emotions that I don't really have 在工作中，我会假装出在实际上我并没有的情绪
SA3：Hide my true feelings about a situation 在工作中，我会隐藏我对某个情况的真实感受
DA1：Make an effort to actually feel the emotions that I need to display to others 我会努力真正地感受我在工作中需要向他人展示的情感
DA2：Try to actually experience the emotions that I must show 我会试着去真实地体验我在工作中必须展示的情感
DA3：Really try to feel the emotions I have to show as part of my job 我会把真实去感受我必须表现出来的情绪作为我工作的一部分

注：SA 代表："表层策略（surface acting）"，DA 代表"深层策略（deep acting）"。

4.3.3.4　组织支持感

组织支持感的测量维度也被学者们划分为了单维度、两维度和多维度。单维度的测量主要采用 Eisenberger 等（1986）提出的量表，主要测量的是员工对于组织重视自己贡献和关心自己的幸福的一种整体的感受。两维度的测量包括 Mcmillin 等（1997）提出的通过对情感性支持感和工作性支持感的测量来评估员工感知到的组织支持感，以及 Asta（2011）提出的通过对人际支持感和任务支持感的测量来评估员工感知到的组织支持感。多维度的量表主要包括 Kraimer 和 Wayne（2004）提出的通过对适应性支持感、事业性支持感和经济性支持感的测量来评估员工感知到的组织支持感，以及 Yang（2013）从工作支持、价值肯定、利益关注这三个方面测量组织支持感。

本章想要研究的就是员工对组织是否重视自己的贡献，是否关心自己的幸福的一种整体的感知，故采用了 Eisenberger 等（1986）提出的量表，共 8 个题项。此量表是 Eisenberger（1986）所提出的 36 题的简化版，比较精炼且不冗长，已被国内外学者广泛使用和验证，信度和效度都较高。本章采用 5 级李克特计分方法，请员工回忆组织是否重视自己的贡献和是否关心自己的幸福，并进行评级。从 1 到 5 代表的是个体态度从"非常不同意"到"非常同意"的逐渐过渡和加深，具体测试题项见表 4-5。

表 4-5　组织支持感题项

题项
OS1：The organization values my contribution to its well-being 我所在的组织很重视我所做出的贡献
OS2：The organization fails to appreciate any extra effort from me （R） 我所在的组织并不感激我所做出的额外努力
OS3：The organization would ignore any complaint from me （R） 我所在的组织会忽视我的抱怨
OS4：The organization really cares about my well-being 我所在的组织会真正关心我的幸福
OS5：Even if I did the best job possible, the organization would fail to notice （R） 即使我把工作做到极致，我所在的组织也不会在意
OS6：The organization cares about my general satisfaction at work 我所在的组织会关心我工作中的总体满意度
OS7：The organization shows very little concern for me （R） 我所在的组织很少关心我
OS8：The organization takes pride in my accomplishments at work 我所在的组织会为我工作中取得的成就而感到骄傲

注：OS 代表"组织支持感（perceived organizational support）"；R 为反向计分题。

4.3.3.5　控制变量

以往研究表明，性别、年龄、学历、婚姻和工作年限都会对创新行为产生影响。因此，本章对这些人口统计学变量进行了控制。

4.4 数据分析与结果

4.4.1 共同方法偏差检验

共同方法偏差（common method variance，CMV）指的是由不同的调查者、实施调查的外部环境、填写问卷的时间及量表题项自身特征等造成预测变量和效标标量间的共变情况，这种人为因素产生的偏差会干扰研究结果，产生负面的影响。此偏差广泛存在于问卷调查的数据中，学者们对如何减少共同方法偏差已进行了探究（Podsakoff et al., 2003）。周浩和龙立荣（2004）指出，若想减少共同方法偏差和它所带来的消极作用，可以从程序和统计控制这两个方面入手。本章采用了周浩和龙立荣的方法来尽量降低共同方法偏差发生的概率。

笔者在发放问卷的过程中强调了问卷的保密性和匿名性，也分了两个时间点来收集数据。具体而言，在第一个时间点，测量了员工的工作不安全感、组织支持感、人口统计学变量（性别、年龄、学历、婚姻和工作年限）；在第二个时间点，测量了员工情绪劳动和创新行为两个变量。

本章的研究数据均源于员工自评，易受到社会赞许性等因素的影响。为了避免共同方法偏差对研究结果造成影响，本章采用 Harman 单因子检测法来检验共同方法偏差，把工作不安全感、情绪劳动、组织支持感及创新行为的所有题项放到一起项进行因子分析。在采用未经旋转的主成分分析情况下，第一公因子的解释量小于临界值40%（Ashford & Tsui, 1991），具体而言，其方差解释百分比为29.715%，证明本章的研究数据具有可靠性，共同方法偏差问题不严重，其结果如表4-6所示。

表4-6　研究一共同方法偏差检验结果

成分	初始特征值			提取平方和载入		
	合计	方差解释百分比	累积百分比	合计	方差解释百分比	累积百分比
1	8.023	29.715	29.715	8.023	29.715	29.715
2	3.356	12.430	42.146	3.356	12.430	42.146
3	2.471	9.153	51.299	2.471	9.153	51.299

表4-6(续)

成分	初始特征值			提取平方和载入		
	合计	方差解释百分比	累积百分比	合计	方差解释百分比	累积百分比
4	1.516	5.617	56.915	1.516	5.617	56.915
5	1.291	4.781	61.696	1.291	4.781	61.696

注：提取方法为主成分分析法。

4.4.2 量表的信度分析

信度检验可直接反映所收集数据的可靠性，信度系数描述了所测量内容的稳定性。本章通过采用管理学中使用最广泛的检验指标，即内部一致性信度来对理论模型中的五个变量进行信度验证，以评估量表内部指标之间是否具有同质性。根据吴明隆（2010）的参考标准，由检验结果可知，工作不安全感的 Cronbach Alpha 系数为 0.83，表层策略的 Cronbach Alpha 系数为 0.73，深层策略的 Cronbach Alpha 系数为 0.78，组织支持感的 Cronbach Alpha 系数为 0.92，创新行为的 Cronbach Alpha 系数为 0.85（见表4-7），均高于 0.7，表明五个变量构成的整体量表信度是可接受的。

表 4-7　研究一模型变量信度系数

变量名称	Cronbach α 系数	题项个数
工作不安全感	0.83	7
表层策略	0.73	3
深层策略	0.78	3
组织支持感	0.92	8
创新行为	0.85	6

4.4.3 量表的效度检验

效度反映的是量表的题项对构念的度量程度。效度检验可以反映出量表是否能够准确反映变量的含量。我们通常采取因子分析法来分析量表的内部结构效度。

首先通过统计分析软件 SPSS 23.0 对工作不安全感、表层策略、深层策略、组织支持感、创新行为这五个变量进行 KMO 和 Bartlett 球形检验，判断每一题项各自的独立程度，为接下来的因子分析提供前提条件。具体而言，KMO 统计量主要通过对各个变量的题项之间的简单相关系数和偏相关系数进行计算，由此推断出变量间的相关程度。一般情况下，KMO>0.7，则说明可以接受；KMO 越趋近 1，说明题项间的相关程度越高，因子分析也会有更佳的成效。Bartlett's 球形检验用于检验相关阵是否是单位阵，即各变量是否独立。

结果显示，本章所收集到的问卷数据中，KMO 的度量值为 0.913，球形检验的结果显著（$p<0.01$），说明本章的研究数据适合做因子分析，结果见表 4-8。

表 4-8 研究一 KMO 和 Bartlett 的检验

取样足够度的 Kaiser-Meyer-Olkin 度量		0.913
Bartlett 的球形度检验	近似卡方	10 578.993
	df	351
	Sig.	0.000

4.4.4 验证性因素分析

检验模型所包含的变量之间的区分效度是进行假设因果分析的前提和基础，进行假设的验证之前需要明确区分研究涉及的所有不同变量，旨在证明一次测量不会与代表其他变量的测量的相关性很大。本章利用 Mplus 7.4 对各个变量进行区分效度的检验，用极大似然估计方法来检验工作不安全感、表层策略、深层策略、组织支持感及创新行为这五个变量的区分效度。

本章通过拟合指数来判断所提的假设模型拟合的优良程度。目前，模型拟合程度的检验指标主要有 χ^2，该指标会随着样本数量正向变动。当样本个数超过 200，需要计算 χ^2/df 的值，这个值一般大于 1 且小于 5，被认为是合适的，如果小于 3，可被认为拟合非常好，在样本较大时，χ^2/df 的值接近 5 也是可以接受的（Hair et al., 2006）。比较适配指数（comparative fit index，CFI）和非规范拟合指数（tucker-lewis index，TLI）这两个指标，可接受的标准是 0 到 1 之间，越接近 0 证明拟合越差，越接近 1 证明拟合越好。一般来说，可以接受的是不小于 0.9（Hu & Bentler, 1999）。近似的均方根误差（root mean square error of approximation，RMSEA）和标准化残差均方根（standard root mean-square residual，SRMR）衡量的是模型不拟合的指数，越接近 0 表明模型拟合越好。一般情况下，这两个指标可接受的标准是小于 0.08；若大于 0.08 小于 0.1 即表明模型拟合程度一般；若大于 0.1，则证明模型拟合不太理想。

当各拟合指标属于可接受的范畴时，证明测量模型与数据的拟合度比较高。我们将五因子基准模型（工作不安全感、表层策略、深层策略、组织支持感及创新行为）与四因子、三因子、二因子、单因子备选模型进行对比分析，结果显示，五因子模型拟合最好（$\chi^2 = 1\,229.230$，df $= 314$，$\chi^2/df = 3.914$，本章研究的样本量为 810，χ^2/df 值小于 5，证明拟合较好，处于可以接受的范围；CFI $= 0.912$，TLI $= 0.901$，这两个指标皆大于临界值 0.9；RMSEA $= 0.060$，SRMR $= 0.058$，这两个指标皆小于 0.08），明显优于其他模型，说明本章所选量表的五因子之间的区分效度良好（见表 4-9）。

表 4-9　研究一验证性因子分析（$N = 810$）

模型	χ^2	df	χ^2/df	CFI	TLI	RMSEA	SRMR
五因子模型	1 229.230	314	3.914	0.912	0.901	0.060	0.058
四因子模型	2 272.250	318	7.145	0.812	0.792	0.087	0.127
三因子模型	2 399.597	321	7.475	0.800	0.781	0.089	0.096
二因子模型	3 943.195	323	12.208	0.651	0.621	0.118	0.122
单因子模型	5 060.992	324	15.620	0.543	0.505	0.134	0.129

注：五因子模型：工作不安全感、表层策略、深层策略、组织支持感、创新行为；
　　四因子模型：工作不安全感、表层策略+深层策略、组织支持感、创新行为；
　　三因子模型：工作不安全感+表层策略+深层策略、组织支持感、创新行为；
　　二因子模型：工作不安全感+表层策略+深层策略+组织支持感、创新行为；
　　单因子模型：工作不安全感+表层策略+深层策略+组织支持感+创新行为。

4.4.5　描述统计分析

本章通过统计分析软件 SPSS 23.0 把需要测量的工作不安全感、表层策略、深层策略、组织支持感、创新行为这五个变量进行了描述统计分析。以上五个变量的均值、标准差和相关系数均在表 4-10 中呈现出来。具体而言，工作不安全感的均值为 4.32，表层策略的均值为 3.93，深层策略的均值为 4.09，组织支持感的均值为 3.84，创新行为的均值为 3.90。

相关关系无法直接判断因果关系，但可以初步判断两个变量之间所存在的影响关系，这种相关关系以及其显著性为理论模型的提出是否合理提供了重要的参考依据，为后续的假设检验奠定了初步的基础。从表 4-10 中可以看出，工作不安全感和表层策略（$r=0.24$，$p<0.01$）具有显著正相关关系，工作不安全感和深层策略（$r=0.39$，$p<0.01$）具有显著正相关关系，初步验证了 H1a 与 H1b；而表层策略和创新行为（$r=-0.19$，$p<0.01$）具有显著负相关关系，深层策略和创新行为（$r=0.47$，$p<0.01$）具有显著正相关关系，初步验证了 H2a 与 H2b。此相关分析的结果为后续的假设检验提供了初步的证据。此外，调节变量组织支持感与工作不安全感具有正相关关系（$r=0.28$，$p<0.01$），深层策略也具有显著正相关关系（$r=0.38$，$p<0.01$），与创新行为也具有正相关关系（$r=0.46$，$p<0.01$）。

表 4-10　研究一描述及相关分析结果（$N=810$）

变量	M	SD	1	2	3	4	5	6	7	8	9	10
1.性别	1.57	0.50	1									
2.年龄	2.23	0.99	0.297**	1								
3.学历	2.95	0.68	0.016	0.041	1							
4.婚姻	1.60	0.75	−0.060	0.113**	−0.070*	1						
5.任职年限	2.33	1.08	0.372**	0.536**	−0.033	−0.078*	1					
6.工作不安全感	4.32	0.54	0.087*	−0.026	−0.002	−0.102**	0.007	1				
7.表层策略	3.93	0.76	0.014	0.016	0.003	−0.073*	0.009	0.236**	1			
8.深层策略	4.09	0.68	0.104**	0.106**	−0.048	0.015	0.043	0.386**	−0.007	1		
9.组织支持感	3.84	0.76	0.060	0.069*	−0.031	−0.071*	0.141**	0.280**	−0.048	0.382**	1	
10.创新行为	3.90	0.61	−0.038	0.008	−0.079*	−0.023	0.014	0.287**	−0.193**	0.471**	0.461**	1

注：* 表示显著性水平 $p<0.05$，** 表示显著性水平 $p<0.01$。

4.4.6　假设检验

4.4.6.1　中介效应检验

在中介效应的检验方面，Baron 和 Kenny（1986）最早提出依次检验法，其也可以被称为因果逐步法。具体而言，该方法的检验步骤可以分为三步：第一步检验自变量对因变量的影响，如果回归系数不显著，则无须后续分析，中介效应不存在；如果回归系数显著，进行第二步检验，第二步检验的是自变量对中介变量的影响系数；第三步需要同时加入自变量和中介变量，检验自变量和中介变量对因变量的影响系数，如果这两个回归系数都显著，证明中介效应存在。但是，这种方法在近年来一直备受争议，学者们也发展了多种替代的检验方法，如 Sobel 检验法、差异系数检验法、bootsrap 检验法。其中，bootsrap 检验的统计检验力最强，已被广泛运用到中介检验之中。然而，每种检验方法都有利弊，温忠麟等（2014）综合了依次检验法和 bootsrap 检验法的优点，推荐在中介检验的时候先尝试简单逐步检验，再用 bootsrap 进行检验，此流程无论在第一类错误率、检验力，还是结果的解释性，都比单纯使用一种方法更好。因此，本章采用结合依次检验法和 bootsrap 检验法，来检验模型的中介效应。

由表 4-11 可见，模型 2 中，工作不安全感对表层策略具有显著的正向影响（$\beta = 0.33$，$p < 0.01$），故 H1a 成立；模型 4 中，工作不安全感对深层策略具有显著的正向影响（$\beta = 0.49$，$p < 0.01$），故 H1b 成立；模型 7 中，表层策略显著消极作用于创新行为（$\beta = -0.19$，$p < 0.01$），故 H2a 成立；深层策略显著积极作用于创新行为（$\beta = 0.36$，$p < 0.01$），故 H2b 成立；模型 7 与模型 6 相比，工作不安全感的回归系数由 0.33 变为 0.22（$p < 0.01$），说明表层策略与深层策略在工作不安全感与创新行为之间存在部分中介效应，故 H3a 与 H3b 成立。

本章参照 Hayes 等学者（Hellgren, Sverke & Isaksson, 1999）的建议，进一步验证了表层策略和深层策略在工作不安全感与创新行为之间的中介效应，结果见表 4-12。本章借助 SPSS 23.0 统计软件中 PROCESS 插件的 bootstrap 法重复抽样 5 000 次，在 95% 的置信区间下进行检验。结果表明，工作不安全感经由表层策略对创新行为的间接影响显著，差异值为 -0.06，95%CI = [-0.09, -0.04]，不包含 0；工作不安全感经由深层策略对创新行为产生显著的间接影响，差异值为 0.18，95%CI = [0.13, 0.22]，不包含 0，故 H3a、H3b 再次得到验证。把表层策略和深层策略的中介效应进行对比，差异值为 -0.24，95%CI = [-0.29, -0.19]，不包含 0，同时再对比两个中介效应的间接效应值，故 H3c 成立。

表 4-11　研究一中介效应检验（逐步回归法）

变量	表层策略		深层策略		创新行为		
	模型 1	模型 2	模型 3	模型 4	模型 5	模型 6	模型 7
常数项	4.03**	2.62**	3.96	1.83**	4.20**	2.76**	2.61**
控制变量							
性别	0.01	-0.03	0.13*	0.07	-0.06	-0.10*	-0.13**
年龄	0.03	0.03	0.08*	0.08**	0.01	0.02	-0.01
学历	-0.01	-0.00	-0.06	-0.05	-0.07*	-0.07*	-0.05
婚姻	-0.08*	-0.06	0.00	0.03	-0.03	-0.00	-0.03
任职年限	-0.01	-0.01	-0.03	-0.03	0.01	0.01	0.02
自变量							
工作不安全感		0.33**		0.49**		0.33**	0.22**
中介变量							
表层策略							-0.19**
深层策略							0.36**
R^2	0.01	0.06	0.02	0.17	0.01	0.09	0.30
ΔR^2	0.00	0.05	0.01	0.16	0.00	0.08	0.29
F 值	1.00	8.46**	3.54**	27.26**	1.53	13.96**	43.02**

注：$N=810$，表中数值为标准化回归系数；* 表示显著性水平 $p<0.05$，** 表示显著性水平 $p<0.01$。

表 4-12　研究一中介效应分析结果（$N=810$）

效应类型	路径	效应值	95%置信区间 CI	
			LLCI	ULCI
直接效应	工作不安全感→创新行为	0.22	0.00	0.14
	总体中介效应	0.11	0.06	0.17
间接效应	工作不安全感→表层策略→创新行为	-0.06	-0.09	-0.04
	工作不安全感→深层策略→创新行为	0.18	0.13	0.22
	深层策略 vs. 表层策略	-0.24	-0.29	-0.19

4.4.6.2　调节效应检验

根据表 4-13 中的模型 4，组织支持感显著正向作用于创新行为（$\beta=0.23$，$p<0.01$），与表层策略的交互项也显著正向作用于创新行为（$\beta=$

0.16，$p<0.01$），说明组织支持感越高，表层策略对创新行为的负向影响越弱，故 H4a 成立；组织支持感与深层策略的交互项对创新行为也产生了显著的正向影响（$\beta=0.10$，$p<0.01$），说明组织支持感越高，深层策略对创新行为的正向影响越强，故 H4b 成立。图 4-2 和图 4-3 更直观地呈现出这两种交互作用的影响模式。

表 4-13　研究一组织支持感调节效应分析结果

变量	创新行为			
	模型 1	模型 2	模型 3	模型 4
常数项	4.20**	2.61**	2.20**	1.76**
控制变量				
性别	−0.06	−0.13**	−0.12**	−0.10**
年龄	0.01	−0.01	−0.00	−0.01
学历	−0.07*	−0.05	−0.05	−0.05
婚姻	−0.03	−0.03	−0.01	−0.01
任职年限	0.01	0.02	−0.00	−0.01
因变量				
工作不安全感		0.22**	0.16**	0.18**
中介变量				
表层策略		−0.19**	−0.17**	−0.15**
深层策略		0.36**	0.28**	0.34**
调节变量				
组织支持感			0.24**	0.23**
交互项				
表层策略 * 组织支持感				0.16**
深层策略 * 组织支持感				0.10**
R^2	0.01	0.30	0.35	0.41
ΔR^2	0.00	0.29	0.34	0.40
F 值	1.53	43.02**	37.63**	39.70**

注：$N=810$，表中数值为标准化回归系数；

* 表示显著性水平 $p<0.05$，** 表示显著性水平 $p<0.01$。

为了可视化组织支持感在表层策略和创新行为之间的调节作用，本章绘制了图 4-2，以直观地展示组织支持感的调节作用。具体而言，在员工使用表层策略的情况下，相对于具有低水平组织支持感的员工，具有高水平组织支持感的员工会产生更多的创新行为。

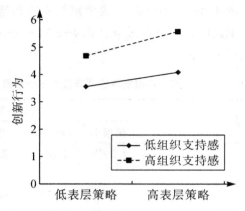

图4-2　组织支持感在表层策略和创新行为之间的调节作用

　　为了可视化组织支持感在深层策略和创新行为之间的调节作用，本章绘制了图4-3，以直观地展示组织支持感的调节作用。具体而言，在员工使用深层策略的情况下，相对于具有低组织支持感的员工，具有高组织支持感的员工会产生更多的创新行为。

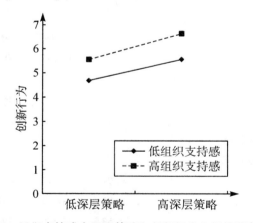

图4-3　组织支持感在深层策略和创新行为之间的调节作用

　　此外，本章的 H5a 和 H5b 提出，组织支持感会在工作不安全感通过表层策略和深层策略而间接影响创新行为的这一路径中起到调节作用。本章参照 Hayes 等学者（Hellgren, Sverke & Isaksson, 1999）的建议，借助SPSS 23.0 统计软件中 PROCESS 插件的 bootstrap 法重复抽样 5 000 次，在

95%的置信区间下进行检验，检验结果在表4-14中呈现。在组织支持感较低时（-1SD），工作不安全感经由表层策略对创新行为的间接影响显著，差异值为-0.09，95%CI=［-0.14，-0.05］，不包含0；在组织支持感较高时（+1SD），工作不安全感经由表层策略对创新行为的间接影响也依然显著，差异值为-0.03，95%CI=［-0.05，-0.01］，不包含0；当组织支持感处于不同高低程度时，工作不安全感经由表层策略对创新行为的间接效应值的差异显著，差异值为0.06，95%CI=［0.02，0.11］，不包含0，故H5a成立。

同理，在组织支持感较低时（-1SD），工作不安全感经由深层策略对创新行为的间接影响显著，差异值为0.10，95%CI=［0.06，0.16］，不包含0；在组织支持感较高时（+1SD），工作不安全感通过深层策略对创新行为的间接影响显著，差异值为0.23，95%CI=［0.17，0.29］，不包含0；当组织支持感高低程度不同时，工作不安全感经由深层策略对创新行为的间接效应值的差异显著，差异值为0.13，95%CI=［0.05，0.20］，不包含0，故H6b成立。

表4-14　研究一被调节的中介效应分析结果

因变量	中介变量	调节变量	效应值	95%置信区间 CI	
				LLCI	ULCI
创新行为	表层策略	低组织支持感	-0.09	-0.14	-0.05
		高组织支持感	-0.03	-0.05	-0.01
		两组差异	0.06	0.02	0.11
	深层策略	低组织支持感	0.10	0.06	0.16
		高组织支持感	0.23	0.17	0.29
		两组差异	0.13	0.05	0.20

4.5　研究结论与讨论

4.5.1　研究结论与管理启示

基于认知评价理论和资源保存理论，本章遵循"员工认知评价→应对策略选择→行为结果"的逻辑框架，探索了工作不安全感对服务员工创新行为的影响机制。一方面，工作不安全感可以引发深层策略，从而间接激发员工创新行为；另一方面，工作不安全感也会导致表层扮演，从而间接抑制员工创新行为。其中，深层策略的间接效应更强。此外，组织支持感是影响工作不安全感作用机制的情境因素，在高组织支持感的环境中，工作不安全感经由深层扮演间接影响员工创新行为的积极作用更强，而工作不安全感经由表层扮演间接影响服务员工创新行为的消极影响减弱。

首先，本章响应了 Selenko（2013）的呼吁，从认知评价视角解释了工作不安全感与员工创新行为之间的关系。过往研究多从资源保存理论、社会交换理论等视角探讨了工作不安全感积极或消极的作用机制，本章将表层策略和深层策略作为解释工作不安全感作用的应对机制，为相关研究提供了新的思路。同样，研究结果也对企业的管理实践有着重要启示。面对同样的压力环境，员工会做出挑战性或威胁性的认知评价。威胁性的评价意味着员工会选择表层策略以期付出更少的努力保住现有的资源，同时也会因担心创新失败导致更多的资源受损，最终在工作过程中表现出较低频率的创新活动。相反，挑战性的评价意味着员工会选择深层策略以期在危机中寻找机会。挑战性认知评价的员工会自发地采用深层策略，主动调试内心状态和情绪以匹配组织期望。由此可见，工作不安全感具有双面性，管理者应该正确引导员工面对诸如工作安全威胁等压力源，还可以通过技能培训等手段提升员工的自我效能感和情绪管理能力，让员工能够正面评价工作中面临的各类压力，从而积极地进行自我调控，最终带来良好的工作表现。

其次，本章厘清了工作不安全感对员工创新行为的作用机制。学界对于工作不安全感影响员工创新行为的结论并未达成共识。组织支持感作为一种重要的工作资源，有助于增加员工的个人资源，推动员工创新活动的开展。研究结果也证实，高水平的组织支持感削弱了表层策略对员工创新行为的消极影响，同时还增进了深层策略对员工创新行为影响的积极关系。管理者一方面要重视引导员工的积极评价，另一方面要在高压力的工作环境下为员工提供组织支持、领导支持。具体来说，新冠疫情这一公共卫生危机事件不仅对服务型企业产生了直接的影响和冲击，而且置身于其中的微观个体（员工）同样面临着诸多压力和挑战。为应对挑战，服务型企业除了做好自身的转型升级外，还需要发挥组织中每位员工的作用。因此，管理者和组织应真切关心员工，通过赏识、正向反馈等手段让员工感受到所属组织的关心与支持。这对缓解危机事件带来的消极影响、增强员工在逆境中的主动性和创造性、增强服务型企业的竞争优势都具有重要价值。

4.5.2　研究局限与展望

不可否认，本章的研究仍然存在一些不足。首先，本章仅仅从员工感知的角度来测量工作不安全感和组织支持感，并且只从个体层次检验了理论模型提出的假设。未来研究可考虑将理论模型的变量聚合到团队层面，展开多层次或跨层次的研究，以丰富研究结果。另外，有学者认为情绪并不是一直稳定不变的变量，后续可以考虑选用日志研究法，进一步解释个体内的差异，以期更准确地刻画理论模型的各个假设。

本章主要探究的是工作不安全感通过怎样的机制对员工创新行为产生影响。只有员工最清楚工作不安全感和情绪劳动的程度，因此本章在数据收集时采用自陈式量表。为了克服同源方法的影响，本章尽可能地规范整个调查过程，如在调查前对被调查人员说明研究目的，以保证调查数据的保密性和匿名性。但是，样本数据难免会受社会赞许的影响，从而干扰数据本身的质量。后续研究可采取多阶段、多来源的数据收集方法或者引入实验研究方法，确保研究数据的准确性。

根据研究目的，本章选取现代服务型企业为研究对象，最终获取了12个服务型企业的数据。虽然笔者尽可能地选取了不同类别的现代服务型企业，但研究样本未能穷尽各类服务型企业，影响了研究结论的普适性。未来研究可考虑将本章的理论模型应用到更为广泛的服务型企业中，以提升本章研究结论的适用性。

5 研究二：工作不安全感 与团队创新

在具有"易变性、不确定性、复杂性和模糊性"特征的 VUCA 时代，在组织中以团队形式展开工作的优势愈发凸显。本章以团队 IPO 理论为基础，探讨了在团队层面的工作不安全感对团队创新的影响机制，分析了团队反思在其中起到的中介作用，验证了团队知识异质性和团队情绪氛围的调节效应。本章收集到 81 个团队 359 名成员的配对样本数据。研究结果表明：工作不安全感通过团队反思正向影响团队创新；团队知识异质性在工作不安全感和团队反思的关系中起到调节作用；具体而言，在团队产生工作不安全感时，团队知识异质性越强，越容易产生团队反思这一团队过程。团队情绪氛围在团队反思与团队创新之间起到调节作用；具体而言，在进行团队反思时，团队情绪氛围越好，越容易激发团队创新。

5.1 问题的提出

当今的组织面临着激烈的市场竞争和快速变化的外部环境，在新冠疫情期间，很多国家采取了隔离和封锁政策，这导致世界范围内历史性的大量休假和裁员（Fouad，2020）。根据国际劳工组织的测算，2020 年下半年全球有多达 3.4 亿人失业，这给员工带来了巨大工作不确定性。虽然还没有太多的实证研究，但大众媒体的报道已指明了新冠疫情造成的经济衰退导致员工就业不确定性和工作不安全感（Nebehay & Mutikani，2020）。分析工作不安全感对员工的影响和组织在此过程中所发挥的作用具有重要意义（Grote & Pfrombeck，2020）。

复杂多变的外部环境使员工感知到工作不安全感，也让企业认识到创新的重要性。创新，即产生和实现新颖和有用的结果，是组织获得可持续竞争优势的关键（Van Knippenberg，2017b）。同时，组织中基于团队工作的形式逐渐盛行，团队是组织和员工的重要连接点，既是落实组织工作任务的基本单位，也是将员工的创意和创新点转化为技术、产品、服务的基本单位。组织开始逐渐依赖于创新型团队，企业是创新的主体，那么团队可被认为是企业创新的实施者。工作环境的动态性和不确定性等客观因素要求把团队成员组织起来，使其共同面对问题并寻找创新的解决方案。

第4章已经探讨了基于员工层面的工作不安全感与员工创新行为的关系，以及其影响机制和边界条件。但是，现有研究对团队层面或者组织层面的工作不安全感，以及其过程和结果的探讨还相对较缺乏，故亟待将工作不安全感与团队研究相结合，从群体层面的工作不安全感这一新兴视角出发，去理解和探索团队通过何种机制对团队创新产生影响（Sora et al.，2009）。相应地，基于群体层面的工作不安全感的影响过程和结果的研究也会逐渐受到学者的关注和重视。那么，团队层面的工作不安全感能否直接对团队创新产生影响？其如何影响团队创新？本章将探究团队层面的工作不安全感与团队创新的关系。

团队创新是组织最关心的问题之一，团队创新是指通过团队产生新颖和有用的成果（Nijstad & De Dreu，2002）。创新的重点不是产生创造性想法，而是付诸行动的创造性想法（Hülsheger，Anderson，Salgado，2009）。基于团队的创新对组织来说非常重要，这是因为团队创新不是员工创新的简单相加，而是通过整合团队成员的不同见解和观点，以及成员间相互激发，产生创造性见解，在团队合作中实现协同效应（Van Knippenberg，2017b）。

团队创新是一种结果。团队如何实现创新？团队创新的过程是什么？影响团队创新有哪些因素？团队创新的作用机制是什么？这都是理论界和实践界所关注的重要问题。近年来，随着越来越多的学者更加关注与团队过程有关的问题，与团队过程相关的研究也相应地在不断增多（Mathieu，Hollenbeck，Van Knippenberg，et al.，2017），众多学者把团队"输入→过程→输出"理论（简称 IPO 理论）作为理论框架，用于分析团队创新的影响因素并解释团队创新的作用机制。

本章基于 IPO 理论，试图探究团队层面的工作不安全感会通过什么样的内在传导机制，对团队创新产生影响。团队层面的工作不安全感是指，团队成员普遍感知到自身处于工作持续性受到威胁的外部环境中（Sora et al., 2009）。这种共同的感知和现象可被视为一种压力氛围，这种压力氛围属于团队社会情境，可被视为团队过程的输入因素。那么，在此情况下，团队成员会采取什么样的团队过程来应对呢？当团队处于工作不安全感的氛围中，客观环境的变化会带来刺激，促使团队产生紧迫感和压力感，进而调动自身应急系统来应对。此时，仅凭以往的惯例和成功经验来应对不一定能走出困境，团队成员需要进行反思和讨论，根据实际情况对团队的目标、策略、流程进行调整，才能有效应对现状。在反思的过程中，团队成员通过共享自身的观点、知识、信息等，有利于新知识传播并萌生新创意（West, 1996）。同时，团队成员在反思过程中的广泛讨论，加强了成员间的互动和信任，更容易达成统一意见，快速做出决策，有利于新想法、新创意的产生。

此外，IPO 理论也指出，团队的组成结构也会对团队过程产生影响，包括团队规模、团队开放性、团队成员年龄、知识结构、技能组成多样性等。团队反思这一过程需要团队成员传播自身有价值的知识和观点，并进行重组、归并和整合。当团队成员结构差异较大时，团队成员具有丰富的知识资源，可为团队提供更多的信息资源。不同类型知识之间的碰撞和互动，可能会影响团队在应对工作不安全感的成效。因此，本章选取团队知识异质性作为调节变量，探讨其与工作不安全感的交互项对团队反思的协同作用。

已有研究证明，人的情绪会对创新过程与结果产生影响，第 4 章也验证了情绪在工作不安全感与员工创新行为中的作用，但对情绪在团队创新中的作用还关注较少，亟待从情绪的视角开展对团队创新影响的研究（George & Zhou, 2002）。Rhee（2007）的研究发现，当团队处于积极情绪氛围时，团队内部会产生更多的开拓性互动，促进团队创新。本章引入团队情绪氛围这一变量，试图探索情绪能否在团队反思过程中发挥作用。

5.2 理论基础与研究假设

本章以 IPO 理论为基础，遵循团队"团队输入→团队过程→团队输出"这一思路展开研究。团队输入因素是指影响团队交互、驱动团队过程的因素，包括个体特征、团队要素、组织情景要素等（McGrath，1984）。团队过程是最为核心的要素，是指团队成员为达成团队目标所进行的，包括认知、人际的互动活动，以致把团队输入转化成团队输出。团队输出则是衡量团队有效性的指标，包括团队投入、满意度等态度层面指标，团队学习、寻求反馈等行动层面指标，团队绩效、团队创新等工作结果层面指标。

IPO 理论为团队研究提供了系统的参照体系。结合本章的议题，团队层面的工作不安全感这种压力氛围属于团队社会情境，可以作为影响团队创新的输入因素。有工作不安全感的团队不会"坐以待毙"，而会选择在"危中求机"，会促使团队进行反思，既思考陷入此危机的原因，也审视外部环境并积极构思未来的应对方案。团队成员在团队反思这个过程中的积极互动，会激发团队成员产生多样化观点（Schippers et al.，2015），对未来行动进行规划，进而促进了团队创新。团队的组成结构也会对团队过程产生影响（Woodman，Sawyer，Griffin，1993），情绪也会对创新结果产生影响（Elfenbein & Shirako，2006），因此本章引入团队知识异质性和团队情绪氛围两个变量，探讨其在此过程的边界作用，以期更全面地理解此团队过程。

5.2.1 工作不安全感与团队反思

工作不安全感可以理解为主体通过对自身所处工作环境进行评价，因感知到失去现有工作的可能性和对未来工作的持续性的风险而产生的担忧和不安（Sverke & Hellgren，2002）。已有大量研究基于员工层面的工作不安全感，探究了工作不安全感对员工心理状态（Schreurs et al.，2010）、工作态度和行为（Staufenbiel & König，2010）、工作绩效（Chirumbolo & Hellgren，2003）等方面的影响。然而，现有研究对团队层面的工作不安全感及其结果变量的分析还不够细致（Nikolova，2018）。

在同一团队中，员工的工作任务相似，相处时间较长，沟通机会较多，在互动的过程中，员工会把自身的想法或感知传递给团队成员（Schneider & Reichers，1983）。例如，在新冠疫情期间，通过媒体报道企业裁员的新闻，员工也可能通过与团队中其他成员的互动，交换彼此对于工作持续性缺乏安全的感知。这种交换可能导致团队成员可以接收到其他所有成员的工作不安全感，从而使自己也有工作不安全感（Kalimo，Taris，Schaufeli，2003）。已有研究证明，在裁员的环境下，组织的员工可以感知到工作存续存在风险的共同氛围（Brennan & Skarlicki，2004），这种氛围可以被认为是群体层面的工作不安全感。Sora 等（2009）将群体层面的工作不安全定义为："组织中的员工普遍认为自身处于工作受到威胁的外部环境中，从而产生工作持续性有风险的共同感知。"Peiró（2005）也认为，这种成功"共同现象"的工作不安全感是一种压力氛围，因此本章把工作不安全感视为团队的情境因素，即团队过程的输入因素。

Sicotte 和 Langley（2000）认为，环境的动态性和复杂性会一直伴随团队过程，团队成员需要不停审视内外部环境的变化，并迅速做出反应。在面对如此复杂多变的环境时，团队成员会有工作不安全感，团队处于这种压力氛围时，若想在逆境中求生存，团队的工作方式能起到关键的作用。West（1996）提出团队反思这一概念，并认为这是影响团队效能的重要过程。团队反思是指团队成员对本团队的工作方式、任务目标和战略等进行反省和思考，通过团队间的互动与交流，共同实施目标与计划的调整，以实现更高的团队绩效。具体而言，失去工作是一种巨大的资源损失，当团队成员处于工作不安全的情境下，若不想被淘汰，就需要积极主动地面对问题，化压力为动力，分析此情景产生的原因和可能造成的后果，以及团队应该怎样充分利用内外部资源来应对。团队成员的有效互动可以使个体资源发挥最大作用，产生协同效应。据此，本章提出以下假设：

H6：团队层面的工作不安全感会正向影响团队反思。

5.2.2　团队反思与团队创新

团队创新是指引入和应用新的、有益的想法、流程、产品或程序（West & Farr，1990）。团队创新不仅仅是新想法的产生，还要将想法落实在产品或服务中去。团队创新涉及引进新的知识、技术、观点等，以改变过去对组织不好的因素。团队创新作为一种团队产出，不是团队成员成果的简单相加，而强调的是超越团队中任何一个个体的集体过程和结果（Woodman et al., 1993）。

团队反思是指为了让团队适应环境变化，团队成员对各个领域信息进行收集，并将识别的外部环境变化作为标准，更加有效地对团队的目标、流程和策略进行反思。以往研究已证明，团队反思是一个非常重要的预测变量。具体而言，可以从以下几个方面来解释：其一，团队反思鼓励团队成员发表观点，不管是正面建议或反面意见都会得到充分的尊重和理解，团队成员能够冲破固有思维，容易产生创新行为（王智宁，刘梦丽，李晓磊，2019）；其二，团队反思可以促使团队成员更了解他人的专长，有利于团队对有限的资源进行合理配置，安排适合的人到相应岗位，制订有效的计划，有利于创新行为的产生；其三，团队反思会促使团队成员仔细考虑创新过程中可能出现的问题，做出适应性调整并设计实施的路径。同时，团队反思促进了团队成员互动，增强彼此的理解，在制定目标时会快速达成一致，提高创新效率（姚柱，罗瑾琏，张显春，2020）。据此，本章提出以下假设：

H7：团队反思会正向影响团队创新。

5.2.3　团队反思在工作不安全感与团队创新之间的中介作用

综上所述，团队层面的工作不安全感是一种团队社会情境，可作为团队过程的输入因素。具有工作不安全感的团队为了避免失去工作和资源损失，会选择在"危中求机"，因此会促使团队进行反思，从而积极想出未来应对方案，引入和应用新颖且有益的想法、流程、产品或程序等。据此，本章提出以下假设：

H8：工作不安全感会通过表层策略的中介作用，对创新行为产生间接影响。

5.2.4　团队知识异质性的调节作用

在这个以创新致胜的竞争时代，企业面临的最重要问题之一便是如何把组织内部的员工、团队或者部门等不同主体所拥有的不同知识进行有效整合，以实现企业的创新。在科学技术迅猛发展的今天，分工逐渐变得更加精细，个体技能也日益趋于专业化。对于组织目标和所布置的工作任务，个体往往无法独立完成，需要以团队的形式来完成。具体而言，团队成员利用他们所拥有的知识和掌握的技能取长补短，创造协同结果，这在团队成员单独工作时是很难或不可能实现的（Cohen & Bailey，1997）。因此，很多组织都开始有意识地安排拥有不同知识结构的主体，积极构建知识异质性团队，以期为组织带来更多竞争优势。团队知识异质性可被定义为团队中的成员在已获得的知识、技能和专长等方面具有多样性（Rodan & Galunic，2004）。

具有工作不安全感的团队为了避免失去工作，会促使团队进行反思以求走出困境，但是每个团队都会进行同样程度的反思吗？答案是否定的，不同的团队反思的深度和广度都是不一样的。那么什么因素会影响团队层面的工作不安全感和团队反思之间的关系呢？IPO 理论认为，团队的组成结构会对团队过程产生影响（Woodman，Sawyer，Griffin，1993；杨洁，张露，黄勇，2020）。Caldwell 等（2004）也建议采用组织内部和组织外部交互的视角来对组织成员的态度和行为进行深入研究。因此，本章把团队知识异质性作为调节因素，探讨其在团队成员面对外部环境的不确定性且产生工作不安全感后，如何对团队反思产生不同程度的影响。

第一，在应对工作不安全感这种既复杂又模糊情境时，团队知识异质性可以整合来自不同领域员工的知识或专长来评估目标、策略和流程是否能应对工作不安全感，有助于拓宽团队反思的范围（Pelled，Eisenhardt，Xin，1999）。第二，具有知识异质性的团队往往能产生较多的意见和建议，对于同样的问题，也更容易产生多个解决方案，有助于在团队反思过程中收集到更多的意见、建议，再通过整合这些意见和建议，冲破固有思维，找到解决方案（吴岩，2014）。第三，经历了工作不安全感的团队成员，不仅会与本团队的成员进行沟通和交流，还可能与团队以外的人进行沟通以寻求帮助，比如找到以前的同学或者同事等与自己知识背景接近的人，在与他们的交流中获取有益的知识（倪旭东，2010）。可见，团队中每一个成员所拥有的异质知识网络也是整个团队的知识泉源，这有助于团队成员在团队在反思过程中分享更多有价值的观点，能够通过交流从对方身上学到更多的知识和技能，进而产生更多创新的想法。因此，本章提出以下假设：

H9：团队知识异质性在工作不安全感与团队反思之间起调节作用，即团队知识异质性越高，工作不安全感对团队反思的正向影响越强。

H8 和 H9 构成了被调节的中介作用，团队知识异质性会影响团队反思在工作不安全感与团队创新这一路径中的中介作用，团队反思的中介效应会随团队知识异质性程度的变动而改变。因此，本章提出以下假设：

H10：团队知识异质性调节团队反思在工作不安全感与团队创新关系中的中介作用。当团队成员具有较高程度的知识异质性时，团队反思在工作不安全感对团队创新关系中起的中介作用将会增强，反之则减弱。

5.2.5 团队情绪氛围的调节作用

Weiss 和 Cropanzano（1996）认为，情绪会伴随个体的工作过程并影响其工作结果。此外，在积极心理学研究的推动下，与积极情绪相关的研究逐渐受到广泛学者的关注，Luthans 等（2002）也提出，应将积极心理学这一研究思潮引入组织行为学的研究之中。积极情绪扩展-建构理论进一步解释了积极情绪如何拓展个体的瞬间思维-行为的范围，使个体的思维模式变得更加灵活、机动，且富有创造性（Fredrickson，2000），积极情绪还会促使个体拥有持久的生理、心理、人际等资源。

张毅和游达明（2014）指出，团队反思对于团队有效性的作用不是简单直接的，而是具有权变性的，团队反思与团队创新这对关系可能被一些因素所影响。Caldwell（2004）与韩锐等（2014）也建议从"人与情境"交互的视角来探究组织成员的态度和行为。团队情绪氛围是指团队成员所感知到的团队内部的情绪交换和情绪分享的状态和氛围，可被定义为一种组织情境，这种情境将对团队成员的状态、行为等方面产生直接或者间接的影响（Liu et al.，2008）。Cohen 和 Bailey（1997）也指出，团队情绪氛围作为群体层面的一种心理特征，必然会对团队有效性产生显著影响。因此，从团队情绪氛围的视角去探讨团队反思与团队创新的边界条件，具有创新性，有利于深化对团队反思与团队创新关系的理解（汤超颖，李贵杰，徐联仓，2008）。

具体而言，团队在反思的过程中需要对团队内外部环境进行考量，确定团队目标和计划。积极的情绪氛围会增加个体可用的认知因素的数量并找到更多解决问题因素的路径，同时也会增加不同的认知因素之间相互联结的可能性（刘小禹，2012）。团队会追求新颖的、具有创造性的思想与行动的路径，从而有助于团队创新。Rhee（2007）也发现，当团队处于积极情绪氛围中时，团队成员之间会呈现出更多的扩展性互动和开拓性互动，这有利于在团队中展开积极的学习行为，继而激发团队的创造力。此外，在个体认知方面，积极的情绪氛围也能激发员工的学习积极性，在与其他团队成员交流和反思的时候，更愿意根据他人的观点和想法来进行积极思考，提出有意义和价值的建议，为团队创新付诸努力。与此同时，处于积极情绪氛围的团队成员之间的关系更为融洽，有更强的凝聚力，有利于创新行为的产生（吴士健，李籽儒，权英，2019）。因此，本章提出以下假设：

H11：团队情绪氛围能够调节团队反思与团队创新之间的关系，即团队情绪氛围越积极，团队反思对团队创新的正向影响越强。

H11构成了被调节的中介作用，即团队反思在工作不安全感与团队创新之间起到中介作用，但这种中介作用的大小受到团队情绪氛围的影响。因此，本章提出以下假设：

H12：团队情绪氛围调节团队反思在工作不安全感与团队创新关系中的中介作用。当团队情绪氛围更为积极时，团队反思在工作不安全感对团队创新关系中起的中介作用将会增强，反之则减弱。

本章的理论框架如图5-1所示。

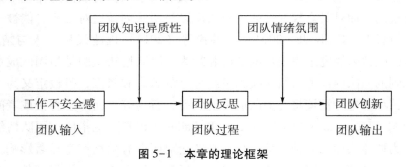

图5-1　本章的理论框架

5.3　研究方法

5.3.1　问卷设计

与研究一相同，本章依然选择使用问卷调查法。在设计调查问卷时，笔者对调查问卷的形式和程序都经过反复的考量，尽最大努力确保调查问卷设计美观大气，量表题项描述没有歧义，文字表达有礼貌、有温度，印刷和装订美观悦目。

5.3.1.1 量表的翻译

本章所选择的量表均为国外学者编制，被国内外学者广泛使用，且有较高信度、效度。量表的题项翻译标准为信、达、雅，避免使用让调查者感到费解的文字表述，避免使用含有双重含义的问题，避免使用诱导性的问题。本章需要翻译的量表包含工作不安全感、团队反思、团队创新、团队知识异质性、团队情绪氛围。为了准确表述，本章采取了和研究一同样的方法：利用回译法对量表进行翻译（Brislin，1970）。

5.3.1.2 根据量表内容编制调查问卷

调查问卷的收集对象为：团队员工及团队领导，调查问卷需要分三个时间点来收集。笔者根据不同量表回答的对象和时间共设计了三套调查问卷：第一阶段调查问卷（团队成员）、第二阶段调查问卷（团队成员）、第三阶段调查问卷（团队主管）。调查问卷内容包含识别信息、问候语、变量量表和基本信息。

（1）识别信息是指团队代码，比如团队领导编码是1，团队成员的编码即为1-1、1-2、1-3；团队领导编码是2，团队成员的编码即为2-1、2-2、2-3。有了团队代码，才能使团队领导的调查问卷能与其团队成员的调查问卷匹配，保证数据录入的一致性。

（2）问候语放在调查问卷的开头，友好地向参与人表示感谢。与研究一相同，问候语旨在告知参与人此调查问卷仅是为了学术研究而进行调查的，所有回收的调查问卷仅做整体性分析，不会对个体调查问卷进行单独分析。

（3）变量量表是调查问卷的核心部分，包括各个变量的测量题项和可供选择的程度编号。整套调查问卷包括工作不安全感7个题项、团队反思5个题项、团队创新4个题项、团队知识异质性3个题项、团队情绪氛围4个题项。

（4）基本信息是指人口统计学的特征。本章统计了团队成员的性别、年龄、学历、工作年限，以及团队规模、团队成立年限和团队类型。

5.3.1.3 发放形式的选定

调查问卷收集采取的是发放纸质调查问卷的形式。基于本章研究的目的和模型设计，数据收集需要把团队成员的调查问卷和团队领导的调查问卷进行匹配。虽然发放网络调查问卷更加方便和经济，范围也更广，但在此研究中可能致使匹配难度增加。另外，如果发放网络调查问卷，团队成员可能会认为调查问卷填写的来源是可以被追溯的，调查问卷填写内容可能会被团队领导知晓，从而对调查问卷的匿名性会产生怀疑。因此，本章采用发放纸质调查问卷的形式来获取数据。

5.3.1.4　调查问卷的外观设计

与研究一中的纸质调查问卷设计相同，为了让参与者在阅读调查问卷时能有赏心悦目的感觉，本章的调查问卷使用的字体也是最常用的宋体，字号为 4 号字，行距为 1.5 倍。笔者对量表的相邻题项的背景填充了不同深浅的颜色，在打印调查问卷时，采用了 80 克的 A3 纸打印成双面小册子，方便参与人在填写调查问卷时翻阅。

此外，我们在装调查问卷进信封的同时，也放入了两枚 3M 独立包装的口罩和两双独立包装的丁腈手套，以表达对参与者的感谢。笔者也定制了本学校 LOGO 的彩色贴纸贴在信封上，并事先在信封封口处贴好双面胶，方便参与者在填写完调查问卷之后封起来。

5.3.2　样本与数据收集

本章的研究样本主要来自西部地区的 6 家服务型企业，包括金融、教育培训、交通运输以及租赁行业领域，这些行业都在疫情期间受到了较为明显的影响，可能会产生群体层的工作不安全感。同时，这些行业都是基于信息技术的发展和知识经济的出现而产生的新兴服务业，适合作为本章的研究样本。笔者通过联系企业人力资源部门、办公室、业务部或者综合部门的负责人，给他们解释此次调研的目的、收集问卷方法和大致流程，希望能得到他们的帮助。笔者也承诺会对调查问卷的内容进行保密处理，且只做整体分析。在他们的帮助和协调下，笔者才能完成此次调查问卷的发放和收集。

为了减少同源误差，本章采用多时点和多源的数据收集方式。在多时点收集数据方面，根据 Walker、Field、Bernert 等（2012）的建议，本章分三个时间点获取数据，时间间隔为三周，因为三周的时间间隔能促进因果关系的推断，也能减少偶然因素所导致研究关系产生假象的问题。另外，三个星期的时长间隔不会产生过多的岗位变动或者员工离职的问题，样本不会大量缺失，保证了样本的回收率。因此，本章采取每轮样本收集间隔三周的调查问卷收集方案。在多源收集数据方面，本章采用了团队成员自评和领导评价相结合的方式。团队成员自评了工作不安全感、团队反思、团队知识异质性，以及团队情绪氛围这几个变量，并填写了人口统计学数据和团队基本信息，领导评价了团队创新这个变量。

在第一个时间点，测量了团队成员的工作不安全感、团队知识异质性、团队成员的人口统计学信息，包括性别、年龄、学历和工作年限。在三周后的第二个时间点，测量了团队成员的团队反思和团队情绪氛围这两个变量。在三周后的第三个时间点，请领导对团队创新进行了评价，并填写了团队的基本信息，包括团队规模、团队成立年限、团队类型。具体而言，在第一阶段发放了 420 份员工调查问卷，收回 406 份调查问卷。在发放第二阶段的调查问卷前，笔者与人力资源部门核实了第一阶段参与调查的人数，发现在第一轮和第二轮时间间隔中，有 5 名员工有离职或岗位变动情况，故向第一轮填写调查问卷且现在职的 401 名团队成员发放了第二轮调查问卷，此轮回收到调查问卷 389 份。在发放第三阶段的调查问卷前，笔者再次跟人力资源部门核实了第二阶段参与调查的人数，发现在第二轮和第三轮时间间隔中，有 8 名员工出现了离职或岗位变动情况，我们剔除掉了这 8 名员工的数据，并邀请了 84 位主管对其所领导的团队创新进行了评价。三轮调查问卷回收完成后，笔者对调查问卷进行整理，其中团队人数少于 3 个人的、调查问卷答题选项连续出现 5 个以上同一答案或缺失值较多的被视为无效调查问卷，剔除掉 22 份无效调查问卷后。由于得到了各企业管理者的支持和部门负责人的协调，且让员工在工作时间填写调查问卷，我们最终获得 81 个团队 359 位团队成员的有效调查问卷，有效调查问卷的整体回收率为 85%。

调查问卷的基本情况如下：

（1）团队成员性别。从团队成员的性别结构分布来看，所收集样本中男性团队成员共计 164 名，占总数的 45.7%，女性团队成员共计 195 名，占总数的 54.3%。男女比例基本平衡，女性稍多，符合服务型企业的员工性别特征。

（2）团队成员年龄。从团队成员的年龄分布来看，所收集样本中 25 岁及以下的团队成员共计 43 人，占总数的 12.0%；26 岁至 35 岁的团队成员共计 159 人，占总数的 44.3%；36 岁至 45 岁的团队成员共计 127 人，占总数的 35.4%；46 岁及以上的团队成员共计 30 人，占总数的 8.4%。样本的年龄跨度基本上涵盖了各个阶段，26 岁至 35 岁的员工最多，符合服务型企业的员工年龄特征。

（3）团队成员教育程度。从团队成员的教育程度分布来看，所收集样本中高中及以下学历的团队成员共计 12 人，占总数的 3.2%；大专学历的团队成员共计 78 人，占总数的 21.7%；大学本科学历的团队成员共计 167 人，占总数的 46.5%；硕士及以上学历的团队成员共计 102 人，占总数的 28.4%。样本的教育程度也基本上涵盖了各个阶段，大学本科学历的员工最多，硕士及以上学历的员工其次，符合新型服务型企业"智力要素密集度高"的特征。

（4）团队成员在当前企业工作年限（年）。从团队成员的工作年限分布来看，所收集样本中在当前企业工作 1 年及以下的团队成员共计 43 人，占总数的 12.0%；在当前企业工作 2 年至 5 年的团队成员共计 152 人，占总数的 42.3%；在当前企业工作 6 年至 10 年的团队成员共计 101 人，占总数的 28.1%；在当前企业工作大于 10 年的团队成员共计 63 人，占总数的 17.5%。样本的工作年限也基本上涵盖了各个阶段，在当前企业工作 2 年至 5 年的团队成员最多，参与者基本都有较为丰富的工作经验。

（5）团队规模（人数）。从团队人数分布来看，所收集样本中 3 名及以下成员的团队共计 11 个，占总数的 13.6%；4 至 6 名成员的团队共计 34 个，占总数的 42.0%；7 至 10 名成员的团队共计 25 个，占总数的 30.9%；大于 10 名成员的团队共计 11 个，占总数的 13.6%。其中，拥有 4 至 6 名成员的团队数量最多，7 至 10 名成员的团队其次，符合团队研究的规模。

（6）团队成立年限。从团队成立年限的分布来看，所收集样本中成立 1 年及以下的团队共计 16 个，占总数的 19.8%；成立 2 年至 5 年的团队共计 37 个，占总数的 45.7%；成立 6 年至 10 年的团队共计 21 个，占总数的 25.9%；成立 10 年以上的团队共计 7 个，占总数的 8.6%。其中，成立 2 年至 5 年的团队数量最多，成立 6 年至 10 年的团队其次，团队样本具有广泛的代表性。

（7）团队类型。从团队类型的分布来看，所收集样本中营销团队共计 21 个，占总数的 25.9%；管理团队共计 20 个，占总数的 24.7%；服务团队共计 26 个，占总数的 32.1%；研发团队共计 14 个，占总数的 17.3%，团队样本的类型具有广泛的代表性。

样本的 359 名团队成员特征和 81 个团队特征如表 5-1 所示。

表 5-1　研究二样本特征

团队成员样本特征（$N=359$）		
性别	**频次**	**占比/%**
男	164	45.7
女	195	54.3
年龄	**频次**	**占比/%**
25 岁及以下	43	12.0
26~35 岁	159	44.3
36~45 岁	127	35.4
46 岁及以上	30	8.4
教育程度		
高中及以下	12	3.2
大专	78	21.7
大学本科	167	46.5
硕士及以上	102	28.4
在当前企业工作年限		
1 年及以下	43	12.0
2~5 年	152	42.3
6~10 年	101	28.1
大于 10 年	63	17.5
团队样本特征（$N=81$）		
团队规模（人数）		
3 名及以下	11	13.6
4~6 名	34	42.0
7~10 名	25	30.9
大于 10 名	11	13.6
团队成立年限		
1 年及以下	16	19.8
2~5 年	37	45.7
6~10 年	21	25.9
10 年以上	7	8.6

表5-1（续）

团队类型		
营销团队	21	25.9
管理团队	20	24.7
服务团队	26	32.1
研发团队	14	17.3

注：本表"占比"一列的数据因保留到小数点后一位，其加总比例有可能不为100%，但误差较小。

5.3.3　变量测量

本章需要测量的变量包括工作不安全感、团队反思、团队创新、团队知识异质性、团队情绪氛围。本章的人口统计学数据包括性别、年龄、教育程度、在当前企业工作年限。本章团队基本信息包括团队的规模大小、团队成立的年限长短、团队的类型。

5.3.3.1　工作不安全感

本章采用的是与研究一同样的量表，即 Hellgren 等（1999）提出的包含 7 个题项的量表，采用了 5 级李克特量表评分法，从 1 到 5 代表的是个体态度从"非常不同意"到"非常同意"的逐渐过渡和加深。其中，4~7题是反向表述。待问卷数据整理完成后，计算团队成员感知并将平均值作为该团队的工作不安全感水平，具体测试题项见表 5-2。

表 5-2　工作不安全感题项

题项
JI1：I am worried about having to leave my job before I would like to 我很担心我要被迫离开这个组织
JI2：There is a risk that I will have to leave my present job in the year to come 我觉得今年有被解雇的可能
JI3：I feel uneasy about losing my job in the near future 我非常不安，因为不久之后我可能要失去目前的工作
JI4：My future career opportunities in［the organization］are favourable（R） 我在这个组织有很好的职业发展机会

表5-2(续)

题项

JI5: I feel that [the organization] can provide me with a stimulating job content in the near future (R)
我感觉组织不久后就会给我提供令人兴奋的工作内容

JI6: I believe that [the organization] will need my competence also in the future (R)
我相信组织不久就会需要我的能力

JI7: My pay development in this organization is promising (R)
在这个组织里我的薪酬非常有希望继续上涨

注: JI 代表工作不安全感 (job insecurity); R 为反向计分题。

5.3.3.2 团队反思

团队反思被 West (1996) 提出后,不同学者基于不同视角来定义团队反思,也导致该变量的测量没有形成统一标准,处于逐步完善的阶段。以往,团队反思测量的维度有单维度、两维度和三维度。单维度的测量主要只涉及对任务的反思和检讨并做出相应调整 (Swift & West, 1998)。两维度的测量主要涉及对任务反思和对社会反思,除了对任务的目标、工作方式、内部沟通等方面,还要对团队支持、冲突、或者技能学习等方面进行反思 (Carter & West, 1998)。三维度的测量是我国学者张文勤和刘云 (2011) 提出来的,包括任务反思 (对目标、工作方法等方面的反思)、过程反思 (对内部互动等团队内部互动进行反思)、行动调整 (根据内外部环境对工作程序、计划、目标进行调整)。

本章采用 De Jong 和 Elfring (2010) 提出的量表,包含 5 个题项。具体而言,请团队成员回顾过去三周的真实情况,对团队反思程度进行评价。此量表的 5 个题项,已包含团队反思的"对过去反省、对未来计划和根据外部环境,进行适应性调整"这三个方面的活动,能够较好地体现团队反思的内容,此量表也被国内外学者广泛使用和验证,信度和效度都较高。团队反思的测量采用的是 5 级李克特量表评分法,从 1 到 5 代表的是个体态度从"非常不同意"到"非常同意"的逐渐过渡和加深。待数据整理完成后,计算团队成员的平均值并将其作为该团队的团队反思水平,具体测试题项见表5-3。

表 5-3　团队反思题项

题项
TR1：In this team we often review the feasibility of our objectives 在此团队中，我们会较为频繁地检查工作目标的可行性
TR2：In this team we often discuss the methods used to get the job done 在此团队中，我们经常对过去的工作方式进行探讨
TR3：In this team we regularly discuss whether we are working effectively together 在此团队中，我们经常对工作效率问题进行探讨
TR4：In this team we modify our objectives in light of changing circumstances 在此团队中，我们不断根据环境的变化来修正工作目标
TR5：In our team we often review our approach to getting the job done 在此团队中，我们经常反思现有工作方式

注：TR 代表团队反思（team reflexivity）。

5.3.3.3　团队创新

团队创新的测量可以分为从过程视角测量和从结果视角测量。从过程视角，团队创新被视为一个动态有机的整体，韩翼等（2007）从过程视角出发，开发了 8 个题项的量表，包括创新的意愿、行为和结果三个维度。从结果视角出发，团队创新可以通过数量和质量来衡量，如创新的颠覆性、重要性、变革程度、新颖性等（Anderson & West，1996）。此外，Lovelace 等（2001）开发的量表从团队产品创新性、创意数量、技术绩效和适应外部变化能力等方面来测量团队创新。

本章在测量团队创新时采用 Somech 和 Khalaili（2014）所开发的 4 个题项的量表，该量表是根据 West 和 Wallace（1991）所提出的量表进行改编的，并由团队领导进行评估。本章也参照 Somech 和 Khalaili（2014）的方法，在对团队创新进行测量时，邀请了团队的直接领导对团队的创新活动进行评价。此量表也被国内外学者广泛使用和验证，信度和效度都较高。因此，本章采用 5 级李克特量表评分法，让团队的直接领导回忆在过去三周里团队的创新活动，并进行评级。1 到 5 代表的是团队领导的态度从"非常不同意"到"非常同意"的逐渐过渡和加深。此方法的好处在于：团队的直接领导较为了解团队情况，但相对于团队中的成员，领导对团队创新的评估更为客观、全面和准确，具体测试题项见表 5-4。

表 5-4　团队创新题项

题项
TI1：The team initiated new procedures and methods 团队开创新的程序和方法
TI2：The team developed innovative ways of accomplishing work targets/objective 团队开发完成工作任务或者目标新颖的工作方式
TI3：The team developed new skills to foster innovation 为了提高创新，团队开发新的技能
TI4：The team developed new products 团队开发了新的产品

注：TI 代表：团队创新（team inovation）。

5.3.3.4　团队知识异质性

团队知识异质性主要是指团队成员在知识技能、专长经验等方面的区别，是属于团队异质性的一部分。知识异质性的概念和界定还有些模糊，在以往研究中，出现过和"信息异质性""认知异质性""深层异质性"等术语混用的情况（Taylor & Greve，2006），但知识异质性和这些术语都是有所区别且不能互相替换的。信息相对于知识来说，更片面一些；认知相对知识来说，外延显得稍微狭窄一些；深层异质性相对知识异质性来说，内涵更广一些，深层异质性还包括心理属性的差别。

根据 Tiwana 和 McLean（2005）的研究，本章认为知识异质性主要是指团队成员专业、知识背景和技能的差异程度，故选择 3 个题项的量表对团队知识异质性进行测量。采用 5 级李克特计分方式，请团队成员对所在团队的队友进行评估，对彼此之间的专长差异进行评分，从 1 到 5 代表的是个体态度从"非常不同意"到"非常同意"的逐渐过渡和加深。待数据整理完成后，计算团队成员评价的平均值并将其作为该团队的知识异质性水平，具体测试题项见表 5-5。

表 5-5　团队知识异质性题项

题项
TH1：Members of this team vary widely in their areas of expertise 我们团队的成员来自很多不同的专业领域
TH2：Members of this team have a variety of different backgrounds and experiences 我们团队的成员拥有不同的知识背景和经验
TH3：Members of this team have skills and abilities that complement each other's 我们团队的成员拥有互补的技能和能力

注：TH 代表团队知识异质性（team heterogeneity）。

5.3.3.5 团队情绪氛围

积极情绪扩展理论指出，良性和积极的情绪能对个体产生多种益处，具体而言，它可以在短期内拓展个体的思路和思维，也可以在长期中为个体建构丰富且有利的身心资源。而现有的文献针对积极情绪功能的探究还相对较少。在已有文献中，大多数研究都利用实验方法探究其在个体层面上的影响，在群体层面的研究较少。

国内学者 Liu 等（2008）针对团队情绪氛围开发了量表，从消极层面和积极层面对团队情绪氛围进行了考量。量表包含 16 个题项，可分为 4 个子维度，即聚焦于自我的积极情绪氛围、聚焦于自我的消极情绪氛围、聚焦于他人的积极情绪氛围、聚焦于他人的消极情绪氛围。从这四种分类可以了解到，团队中的情绪氛围可能是积极的且以自我为中心（如骄傲、快乐），可能是积极的但以他人为中心（如友好的感觉、亲密的感觉、尊重的感觉）；一些团队情绪氛围可能是消极的且以自我为中心（如不开心、沮丧、无望），也可能是消极的但以他人为中心（如恐惧、敌意、嫉妒）。

本章参考刘小禹和刘军（2012）的方法，结合本章的实际需求，选取了量表中积极的且以他人为中心的 4 个题项来测量团队情绪氛围。本量表适合在中国企业使用。对于团队情绪氛围的测量，本章采用 5 级李克特计分方式，请团队成员对所在团队的情绪氛围和所在团队的队友进行评估。从 1 到 5 代表的是个体态度从"非常不同意"到"非常同意"的逐渐过渡和加深。待数据整理完成后，计算团队成员评价的平均值并将其作为该团队的情绪氛围水平，具体测试题项见表 5-6。

表 5-6　团队情绪氛围题项

题项
TEC1：The members of the team feel energetic 在团队中，我们觉得工作起来很有干劲
TEC2：The members of the team are optimistic and self-confident 在团队中，团队成员都很乐观和自信
TEC3：The members of the team are vibrant 在团队中，大家都朝气蓬勃。
TEC4：The members of the team are full of hope working in the team 在团队工作，我们觉得充满希望

注：EC 代表团队情绪氛围（team emotional climat）。

5.3.3.6 控制变量

以往研究表明，团队的规模、成立年限和团队类型会对团队状态、团队过程以及团队有效性产生影响（Robbins，2005）。因此，本章把这 3 个与团队有关的变量作为控制变量。

5.4 数据分析与结果

5.4.1 共同方法偏差检验

与研究一相同，我们从程序和统计控制这两个方面入手，采用了周浩和龙立荣（2004）的方法来尽量降低共同方法偏差发生的概率。

本章分三轮来进行数据收集。在第一个时间点，测量了工作不安全感、团队知识异质性以及人口统计学变量（性别、年龄、学历和工作年限）。在三周后的第二个时间点，测量了团队反思和团队情绪氛围。在三周后的第三个时间点，测量了团队创新以及团队基本信息（团队规模、团队成立年限、团队类型）。这种数据收集方法能部分缓解同一时间点收集数据导致的共同方法偏差，使变量间的因果关系更为明确。此外，本章还采用了多源数据收集的方法，工作不安全感、团队知识异质性、团队反思和团队情绪氛围的问卷题项是由团队员工填写，团队创新是由团队直接领导填写，以此部分缓解同一数据来源导致的共同方法偏差。

吴伟炯等（2012）认为可以通过 Harman 单因子的方法对调研数据进行同源方法偏差的检验，将研究模型中的五个构念（工作不安全感、团队知识异质性、团队反思、团队情绪氛围和团队创新）的所有题项进行了未经过旋转的主成分分析法，并选择提取特征根大于 1 的因子，看第一个提取的因子是否累积解释所有变化方差的 40% 以上，如果超过 40% 这个临界值，就被认为具有共同方法偏差（Ashford & Tsui，1991）。参照此方法，本章在 SPSS 23.0 中将所有变量的题项进行因子分析，从结果可看出这些因子一共解释变化总方差的 61.002%，第一个因子解释全部题项的变异量为 26.446%。由此可见，本章调研样本数据的共同方法偏差问题不严重，结果如表 5-7 所示。

表 5-7　研究二共同方法偏差检验结果

成分	初始特征值			提取平方和载入		
	合计	方差解释百分比	累积百分比	合计	方差解释百分比	累积百分比
1	6.083	26.446	26.446	6.083	26.446	26.446
2	3.265	14.194	40.640	3.265	14.194	40.640
3	2.980	12.956	53.596	2.980	12.956	53.596
4	1.704	7.407	61.002	1.704	7.407	61.002

注：提取方法为主成分分析法。

5.4.2　量表的信度分析

本章采用管理学中使用最广泛的检验指标，即内部一致性信度来对理论模型中工作不安全感、团队反思、团队创新、团队知识异质性和团队情绪氛围这五个变量进行信度验证，以评估量表内部指标之间是否具有同质性。根据吴明隆（2010）的参考标准，由检验结果可知，工作不安全感的 Cronbach Alpha 系数为 0.82，团队反思的 Cronbach Alpha 系数为 0.86，团队创新的 Cronbach Alpha 系数为 0.92，团队知识异质性的 Cronbach Alpha 系数为 0.89，团队情绪氛围的 Cronbach Alpha 系数为 0.82，均高于 0.7，表明五个变量构成的整体量表信度是可接受的。各量表的 Cronbach Alpha 系数见表 5-8。

表 5-8　研究二模型变量信度系数

变量名称	Cronbach α 系数	题项个数
工作不安全感	0.82	7
团队反思	0.86	5
团队创新	0.92	4
团队知识异质性	0.89	3
团队情绪氛围	0.82	4

5.4.3 量表的效度检验

效度反映的是量表题项对构念的度量程度，通过效度检验可以验证量表是否能够准确反映出构念。以往研究通常采取因子分析法来分析量表的内部结构效度。

本章通过统计分析软件 SPSS 23.0 对工作不安全感、团队反思、团队创新、团队知识异质性和团队情绪氛围这五个构念进行 KMO 和 Bartlett 球形检验，判断研究的构念中每一题项各自的独立程度，为接下来的因子分析提供前提条件。结果显示，本章所收集到的问卷数据，KMO 为 0.88，KMO 值高于 0.7 这个分界值，证明数据质量可以接受。球形检验的结果显著（$p < 0.01$），说明本章研究数据适合做因子分析，结果见表 5-9。

表 5-9　研究二 KMO 和 Bartlett 的检验

取样足够度的 Kaiser-Meyer-Olkin 度量		0.88
Bartlett 的球形度检验	近似卡方	4 095.227
	df	253
	Sig.	0.000

5.4.4 聚合检验

本章的工作不安全感、团队反思、团队知识异质性、团队情绪氛围都是由团队成员评估的，但是这些变量在本章中都架构在团队层面，所以需要将这四个员工层面的数据进行聚合，即聚合到团队层面。首先，需要确认的是组内一致度（within-group agreement），即问卷的参与者对构念有相同的反应程度（Kozlowskl & Hattrup，1992），主要用 $r_{wg(j)}$ 来衡量（James et al.，1984）。其次，需要检测组间差异 ICC1，组间方差测量的是不同数据组之间是否有足够的差异，这是检测团队层次构念和其他构念之间关系的重要因素之一。此外，还需要考虑组内相关系数 ICC2，这是测量群体平均数的信度（Bliese，2000）。

在本章研究中，通过进行单因素方差分析，发现工作不安全感的组间均方和组内均方的差异均为显著存在的（$F = 2.02$，$p < 0.01$），ICC1 的值为 0.25，ICC2 的值为 0.60，$R_{wg(j)}$ 为 0.97；团队反思的组间均方和组内均方也存在着显著差异（$F = 2.43$，$p < 0.01$），ICC1 的值为 0.38，ICC2 的值为

0.74，$R_{wg(j)}$ 为 0.89。团队知识异质性的组间均方和组内均方存在着显著差异（$F = 2.21$，$p < 0.05$），ICC1 的值为 0.48，ICC2 的值为 0.80，$R_{wg(j)}$ 为 0.72。团队情绪氛围的组间均方和组内均方同样存在着显著差异（$F = 2.01$，$p < 0.05$），ICC1 的值为 0.33，ICC2 的值为 0.69，$R_{wg(j)}$ 为 0.80。工作不安全感、团队反思、团队知识异质性、团队情绪氛围，这四个变量的 $R_{wg(j)}$ 均大于 0.7，符合组内评价一致度的参考标准。ICC1 的值均符合 James（1982）提出的 0～0.50 的范围，ICC 2 的值也均符合 Schneider，White 和 Paul（1998）推荐的高于 0.47 的标准，故该数据能达到聚合要求（见表 5-10）。

表 5-10　样本数据聚合检验

变量	$R_{wg(j)}$	ICC1	ICC2	F-Statistics
工作不安全感	0.97	0.25	0.60	2.02（$p < 0.01$）
团队反思	0.89	0.38	0.74	2.43（$p < 0.01$）
团队知识异质性	0.72	0.48	0.80	2.21（$p < 0.05$）
团队情绪氛围	0.80	0.33	0.69	2.01（$p < 0.05$）

5.4.5　验证性因子分析

区分效度的检验是进行假设因果分析的前提，进行假设的验证之前需要明确区分研究涉及的所有不同构念，旨在证明一次测量不会与代表其他构念的测量的相关很大。本章通过 Mplus 7.4 对各个构念进行区分效度的检验，以极大似然估计方法检验工作不安全感、团队反思、团队知识异质性、团队情绪氛围和团队创新这五个变量的区分效度。

通过分析五因子基准模型（工作不安全感、团队知识异质性、团队反思、团队情绪氛围、团队创新）并与四因子、三因子、二因子与单因子备选模型相对比，结果表明，五因子模型拟合最好。具体来说，$\chi^2 = 352.237$，df = 220，$\chi^2/\mathrm{df} = 1.601$，小于 3，证明拟合非常好；CFI = 0.967，TLI = 0.962，这两个指标皆大于 0.9；RMSEA = 0.041，SRMR = 0.043，这两个指标皆小于 0.08，明显优于其他模型，说明本章所选量表的五因子之间的区分效度良好，结果见表 5-11。

表 5-11　研究二验证性因子分析

模型	χ^2	df	χ^2/df	CFI	TLI	RMSEA	SRMR
五因子模型	352.237	220	1.601	0.967	0.962	0.041	0.043
四因子模型	1 066.712	224	4.762	0.787	0.759	0.102	0.116
三因子模型	1 289.691	227	5.681	0.731	0.700	0.114	0.110
二因子模型	1 799.830	229	7.859	0.603	0.561	0.138	0.137
单因子模型	2 550.037	230	11.087	0.413	0.354	0.168	0.153

注：N（员工）= 359，N（团队）= 81。

五因子模型：工作不安全感、团队知识异质性、团队反思、团队情绪氛围、团队创新；

四因子模型：工作不安全感+团队知识异质性、团队反思、团队情绪氛围、团队创新；

三因子模型：工作不安全感+团队知识异质性+团队反思、团队情绪氛围、团队创新；

二因子模型：工作不安全感+团队知识异质性+团队反思+团队情绪氛围、团队创新；

单因子模型：工作不安全感+团队知识异质性+团队反思+团队情绪氛围+团队创新。

5.4.6　描述性统计分析

本章通过统计分析软件 SPSS 23.0 把需要测量的工作不安全感、团队知识异质性、团队反思、团队情绪氛围和团队创新这五个变量进行了描述性统计分析。这五个变量的均值、标准差和相关系数均在表 5-12 中呈现出来。由表 5-12 可见，工作不安全感的均值为 3.67，团队反思的均值为 3.57，团队创新的均值为 3.38，团队知识异质性的均值为 3.45，团队情绪氛围的均值为 3.79。

从相关关系无法判断因果关系，但可以初步判断两个变量之间所存在的影响关系，这种相关关系以及其显著性为理论模型的提出是否合理提供了重要的参考依据，相关分析的结果为后续的假设检验提供了初步的证据。由表 5-12 的描述性统计可知，工作不安全感与团队反思存在显著正相关关系（$r=0.37$，$p<0.01$），初步验证了 H6。工作不安全感与团队创新不存在直接相关关系，团队反思和团队创新存在显著正相关关系（$r=0.48$，$p<0.01$），初步验证了 H7。

此外，调节变量团队知识异质性与工作不安全感存在正相关关系（$r=0.11$，$p<0.05$），与团队反思存在显著正相关关系（$r=0.52$，$p<0.01$），与团队创新也存在显著正相关关系（$r=0.32$，$p<0.01$）。调节变量团队情绪氛围与工作不安全感存在显著正相关关系（$r=0.14$，$p<0.01$），与团

反思存在负相关关系（$r=-0.11$，$p<0.05$），与团队创新存在显著正相关关系（$r=0.17$，$p<0.01$）。

表 5-12　描述及相关分析结果

变量	M	SD	1	2	3	4	5	6	7	8
1.团队规模	2.64	0.91	1							
2.团队成立年限	2.25	0.86	0.08	1						
3.团队类型	2.39	1.08	0.10	-0.08	1					
4.工作不安全感	3.67	0.64	0.03	0.02	0.05	1				
5.团队反思	3.57	0.76	0.07	0.02	0.07	0.37**	1			
6.团队创新	3.38	0.84	0.11*	-0.05	-0.16**	0.07	0.48**	1		
7.团队知识异质性	3.45	1.03	-0.13*	-0.09	0.19**	0.11*	0.52**	0.32*	1	
8.团队情绪氛围	3.79	0.74	0.10*	-0.06	-0.17**	0.14*	-0.11*	0.17**	-0.06	1

注：N（员工）= 359，N（团队）= 81；* 表示显著性水平 $p<0.05$，** 表示显著性水平 $p<0.01$（双尾检验）。

5.4.7　假设检验

5.4.7.1　中介效应检验

本章也采用了温忠麟等学者（2014）提出的观点，采用结合逐步回归法和 bootsrap 检验法，来检验模型的中介效应。由表 5-13 可见，由模型 2 可知，工作不安全感积极作用于团队反思（$\beta=0.35$，$p<0.01$），故 H6 成立；由模型 4 可知，工作不安全感也积极作用于团队创新（$\beta=0.23$，$p<0.01$），由模型 5 可知，团队反思积极作用于团队创新（$\beta=1.07$，$p<0.01$），故 H7 成立。同时，工作不安全感对团队创新回归系数由 0.23（$p<0.01$）变成 -0.14（$p>0.05$），说明团队反思在工作不安全感与创新行为之间存在中介效应，故 H8 成立。

此外，本章参照 Hayes 等（2008）的建议，进一步验证了团队反思在工作不安全感与团队创新之间的中介效应，结果见表 5-14。借助 SPSS 23.0 统计软件中 PROCESS 插件的 bootstrap 法重复抽样 5 000 次，在 95% 的置信区间下，得知模型总体中介效应显著，效应值为 0.23，95% CI = [0.03, 0.44]，不包含 0；值得说明的是，工作不安全感对团队创新的直接效应不显著，差异值为-0.14，95%CI = ［-0.29，0.02］，包含 0；工作不安全感通过团队反思对团队创新的间接效应显著，效应值为 0.37，95%CI = ［0.22，0.53］，不包含 0，这说明工作不安全感不会直接影响团队创新，而需要通过团队反思这个团队过程，才能促进团队创新，再次验证了 H8。

表 5-13　研究二中介效应检验（逐步回归法）

变量	团队反思		创新行为		
	模型 1	模型 2	模型 3	模型 4	模型 5
常数项	3.26**	2.04**	3.54**	2.71**	0.53
控制变量					
团队规模	0.06	0.06	0.13**	0.12*	0.06
团队成立年限	-0.02	0.01	-0.07	-0.08	-0.09*
团队类型	-0.04	0.03	-0.14**	-0.14**	-0.18**
自变量					
工作不安全感		0.35**		0.23*	-0.14
中介变量					
团队反思					1.07**
R^2	0.02	0.01	0.05	0.6	0.51
ΔR^2	0.09	0.08	0.04	0.05	0.50
F 值	2.485	8.643**	5.76**	5.63**	73.391**

注：N（员工）= 359，N（团队）= 81。表中数值为未标准化回归系数。* 表示显著性水平 $p<0.05$，** 表示显著性水平 $p<0.01$。

表 5-14　研究二中介效应分析结果（bootsrap 检验法）

效应类型	路径	效应值	95%置信区间 CI	
			LLCI	ULCI
	总体中介效应	0.23	0.03	0.44
直接效应	工作不安全感→团队创新	-0.14	-0.29	0.02
间接效应	工作不安全感→团队反思→团队创新	0.37	0.22	0.53

5.4.7.2 调节效应检验

（1）团队知识异质性的调节效应

根据表5-15的模型3中，把自变量工作不安全感、调节变量团队知识异质性和交互项工作不安全感＊团队知识异质性一起放进模型，可见自变量工作不安全感的回归系数是正向且显著的（$\beta = 0.50$，$p < 0.01$），调节变量团队知识异质性的回归系数也是正向且显著的（$\beta = 0.33$，$p < 0.01$），工作不安全感与团队知识异质交互项的回归系数亦是正向且显著的（$\beta = 0.45$，$p < 0.01$）。由此可见，团队知识异质性积极地调节了工作不安全感与团队反思之间关系，即团队知识异质性越高，工作不安全感与团队反思之间的正向关系越强，故 H9 成立。

表 5-15　研究二团队知识异质性的调节效应分析结果

变量	团队反思		
	模型 1	模型 2	模型 3
常数项	3.26 **	2.04 **	0.35
控制变量			
团队规模	0.06	0.06	0.09
团队成立年限	−0.02	0.01	0.04
团队类型	−0.04	0.03	−0.02 **
自变量			
工作不安全感		0.35 **	0.50 **
调节变量			
团队知识异质性			0.33 **
交互项			
工作不安全感 ＊ 团队知识异质性			0.45 **
R^2	0.02	0.01	0.46
ΔR^2	0.09	0.08	0.45
F 值	2.485	8.643 **	49.311 **

注：N（员工）= 359，N（团队）= 81。表中数值为未标准化回归系数。* 表示显著性水平 $p < 0.05$，** 表示显著性水平 $p < 0.01$。

为了可视化团队知识异质性在工作不安全感与团队反思之间的调节作用，本章绘制了图5-2，图5-2直观地展示了团队知识异质性的调节作用。具体而言，在高工作不安全感的情境下，相对于低知识异质性的团队，高知识异质性的团队会产生更高程度的团队反思。

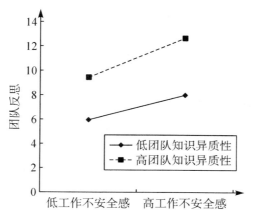

图5-2 团队知识异质性在工作不安全感与团队反思之间的调节作用

此外，本章采用 SPSS 23.0 PROCESS 插件来检验被调节的中介效应。H10 提出工作不安全感通过团队反思对团队创新的间接影响受到团队知识异质性的调节。本章运用 bootstrap 法重复抽样 5 000 次，得到 95% 置信区间下的检验结果。检验结果（见表5-16）显示，此路径有调节的中介指数（Index of moderated mediation）效应值为 0.48，95%CI = [0.32, 0.65]，不包含 0；在团队知识异质性较低时（-1SD），工作不安全感通过团队反思对团队创新的间接影响不显著，差异值为 0.15，95% CI = [-0.04, 0.34]，包含 0；而在团队知识异质性较高时（+1SD），工作不安全感通过团队反思对团队创新的间接影响显著，差异值为 0.92，95%CI = [0.75, 1.11]，不包含 0；在不同程度的团队知识异质性下，间接效应值的差异显著，差异值为 0.77，95%CI = [0.52, 1.04]，不包含 0，故 H10 成立。

表5-16 研究二被调节的中介效应分析结果（团队知识异质性）

工作不安全感→团队反思→团队创新 在不同团队知识异质性水平下的间接效应			
团队知识异质性	效应值	95%置信区间 CI	
		LLCI	ULCI
低水平（-1SD）	0.15	-0.04	0.34
中等水平	0.54	0.42	0.67
高水平（+1SD）	0.92	0.75	1.11
高低组差异	0.77	0.52	1.04
有调节的中介指数（Index of moderated mediation）	0.48	0.32	0.65

注：N（员工）= 359，N（团队）= 81。表中数值为未标准化回归系数。bootstrap 值为 5 000。

（2）团队情绪氛围的调节效应

根据表 5-17 的模型 3，把自变量团队反思、调节变量团队情绪氛围和交互项团队反思＊团队情绪氛围一起放进模型。由表 5-17 可知，团队反思的回归系数显著（$\beta = 0.88$，$p < 0.01$），团队情绪氛围的回归系数显著（$\beta = 0.39$，$p < 0.01$），交互项回归系数亦显著（$\beta = 0.62$，$p < 0.01$），证明团队情绪氛围在团队反思与团队创新之间的起到了显著的正向调节作用，即团队情绪氛围越好，团队反思与团队创新之间的正向关系越强，故 H11 成立。

表 5-17　研究二团队情绪氛围的调节效应分析结果

变量	团队创新		
	模型 1	模型 2	模型 3
常数项	3.54 **	0.14	−0.87 *
控制变量			
团队规模	0.13 **	0.06	0.02
团队成立年限	−0.07	−0.09 **	−0.06
团队类型	−0.14 **	−0.18 **	−0.11 **
自变量			
团队反思		1.04 **	0.88 **
调节变量			
团队情绪氛围			0.39 **
交互项			
团队反思 ＊ 团队情绪氛围			0.62 **
R^2	0.05	0.05	0.59
ΔR^2	0.04	0.04	0.58
F 值	5.76 **	90.413 **	83.285 **

注：N（员工）= 359，N（团队）= 81。表中数值为未标准化回归系数。* 表示显著性水平 $p < 0.05$，** 表示显著性水平 $p < 0.01$。

为了可视化团队情绪氛围在团队反思与团队创新之间的调节作用，本章绘制了图 5-3，图 5-3 直观地展示了团队情绪氛围的调节作用。具体而言，在团队反思的情况下，相对于低情绪氛围（相对消极）的团队，高情绪氛围（相对积极）的团队会产生更多团队创新。

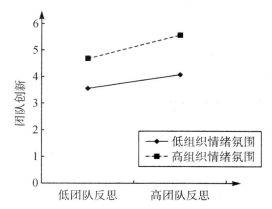

图 5-3　团队情绪氛围在团队反思与团队创新之间的调节作用

此外，本章采用 SPSS 23.0 PROCESS 插件来检验被调节的中介效应。
H12 提出工作不安全感通过团队反思对团队创新的间接影响受到团队情绪
氛围的调节。本章运用 bootstrap 法重复抽样 5 000 次，得到 95%的置信区
间。检验结果（见表 5-18）显示，此路径有调节的中介指数的效应值为
0.20，95% CI =［0.08，0.35］），不包含 0；在团队情绪氛围较消极时
（-1SD），工作不安全感通过团队反思对团队创新的间接影响显著，差异
值为 0.22，95%CI =［0.11，0.34］，不包含 0；在团队情绪氛围较积极时
（+1SD），工作不安全感通过团队反思对团队创新的间接影响依然是显著
的，差异值为 0.43，95%CI =［0.25，0.61］，不包含 0；在不同程度的团
队知识异质性下，工作不安全感通过团队反思对团队创新间接影响效应的
差异值也是显著的，差异值为 0.21，95%CI =［0.09，0.36］，不包含 0，
证明被调节的中介效应是存在的，故 H12 成立。

表 5-18　研究二被调节的中介效应分析结果（团队情绪氛围）

工作不安全感→团队反思→团队创新 在不同团队情绪氛围水平下的间接效应			
团队情绪氛围	效应值	95%置信区间 CI	
		LLCI	ULCI
低水平（-1SD）	0.22	0.11	0.34
中等水平	0.21	0.19	0.46
高水平（+1SD）	0.43	0.25	0.61
高低组差异	0.21	0.09	0.36
有调节的中介指数 （Index of moderated mediation）	0.20	0.08	0.35

注：N（员工）= 359，N（团队）= 81。表中数值为未标准化回归系数。bootstrap 值为 5 000。

5.5　研究结论与讨论

5.5.1　研究结论与管理启示

（1）本章基于 IPO 理论和积极情绪的拓展–建构理论，遵循"团队输入→团队过程→团队输出"这一思路，阐述了团队层面的工作不安全感是如何引发团队成员进行反思，进而导致团队创新的过程机制，丰富了团队层面的工作不安全感对创新影响路径的理论基础。本章通过收集 81 个团队 359 名团队成员的数据，进行定量实证分析，结果表明：①团队层面的工作不安全感通过正向影响团队反思增加了团队创新行为；②团队知识异质性会强化工作不安全和团队反思与团队创新的关系；③团队情绪氛围也会强化工作不安全和团队反思与团队创新的关系。

（2）本章把工作不安全感放在团队层面，把团队成员感知到的工作存续风险作为一种团队共同的压力氛围，试图探讨在团队层面的工作不安全感是否会对团队创新产生影响，以及其中的影响机制是什么。以往基于员工层面的研究表明，工作不安全感对员工创新行为的影响是间接的（周浩，龙立荣，2011），那么在团队层面，是否会有相同的结论？本章根据 IPO 理论，把工作不安全感视为一种团队社会情境，验证了团队反思这个团队过程在工作不安全感与团队创新之间的中介作用。研究表明，团队层面的工作不安全感不能直接影响团队创新，而需要通过促进团队反思，才能增加团队创新。这丰富了与工作不安全感相关的研究，也丰富了团队组织理论，同时还弥补了研究一的不足。由此可见，"磨刀不误砍柴工"，团队反思在此路径中起到的传递作用应得到组织的重视。在未来团队管理中，如果组织无法创造条件来消除员工对工作不安全感所产生的种种顾虑时，就应该为团队成员创造条件，着重培养团队成员的反思意识。组织应该给团队和员工留出充足的时间，让他们对所处的内部环境和外部环境进行评估，再对团队制定的目标、策略和流程进行集体反思。同时，组织还需要着重培养团队成员的反思意识，以提高团队创新水平，增强组织的竞争优势。

（3）本章分析了团队知识异质性在工作不安全感和团队反思中的调节作用。研究表明，当团队处于工作不安全感的情境中，团队知识异质性为团队反思营造了持续的、开放的团队知识交流与学习的氛围，团队成员有机会踊跃地提出不同观点。知识的多样性也能使团队成员从多角度思考问题，正视团队其他成员所提出的各种不同的观点，这有助于团队更深层次地反思。由此可见，组织需要有意识和合理地安排拥有不同知识结构的异质性团队，把团队的员工所拥有的不同知识进行有效整合，创造出更多协同价值，为组织带来更大的竞争优势。

（4）本章厘清了团队反思与团队创新关系的边界条件，从积极情绪的扩展-建构理论出发，探讨了团队情绪氛围在团队反思与团队创新关系间的调节作用。创新是具有探索性和风险性的，从团队反思到团队创新的过程中，还会遇到很多障碍，团队成员新的想法和观点也有可能被认为是一种威胁而遭受反对，进而阻碍团队创新。如果团队处于消极情绪氛围，团队成员就容易产生焦虑、不安等情绪，不敢积极创新。积极的团队情绪氛围更有利于团队成员产生积极的心态和行为，还有助于团队成员习得新知识来解决所面临问题，使他们变得更加乐观且有韧性，也能帮助他们在巩固现有社会联结的基础上，去建立更多新的社会联结。这些因素都有利于帮助团队主动大胆地投入到创新实践中，这也回应了 Caldwell 等（2004）所提出的建议，即从"组织内外""人与情境"相结合的视角来解释团队创新行为。由此可见，营造积极情绪的团队氛围也是团队创新管理又一重要的基础性工作，这一研究结论为企业的团队创新管理提供了新的思路。积极情绪是工作场所中的一种重要资产，组织应更加关注团队成员的情感需求以及团队成员之间的情绪关系，帮助团队营造积极的情绪氛围，以促进团队创新。此外，积极情绪可以在团队间，甚至组织成员和客户之间扩散，可以让团队成员更加积极地工作，有助于组织实现长期发展。

5.5.2　研究局限与展望

本章研究把工作不安全感放到群体层面来测量，探索了团队层面的工作不安全感对团队创新的影响机制及其边界条件。

（1）本章对于工作不安全感的定义和测量维度均按照 Hellgren 等（1999）提出的建议来界定。在测量时，本章把所有题项聚合到一个维度来做假设检验，并没有对工作不安全感的不同维度及其后续影响进行探讨。以往基于员工层面的工作不安全感的研究证明了数量型工作不安全感和质量型工作不安全感会对员工产生不同影响。未来的研究可以从多维度测量和探讨团队层面的工作不安全感，以丰富该变量的研究。

（2）以往研究对于团队反思如何影响团队创新的结论还未达成一致。有学者认为，团队反思会正向影响团队产出（West & Anderson，1996），然而 De Dreu（2007）却认为团队反思会负向影响团队产出。本章通过对收集到的 359 份团队成员和主管配对数据进行分析，验证了团队层面的工作不安全感会经由团队反思正向作用于团队创新。Swift 和 West（1998）提出，团队反思可以分为轻度反思、中度反思与深度反思，而本章没有对团队反思的层次进行划分，也并没有探究不同维度对结果变量所产生的影响。未来的研究可以在团队反思的各个层次上更进一步细化地探讨其与团队创新的影响关系，探索不同维度之间是否有差异。另外，张文勤和石金涛（2008）指出，团队反思与团队创新之间可能还会有中介变量在起到传导作用，未来研究还可以引入间接变量，以进一步明晰团队反思对团队创新影响机制的"黑箱"，扩充团队层面的工作不安全感通过团队反思影响团队创新的相关研究。

（3）本章在团队层面分析了工作不安全感通过团队反思对团队创新所产生的影响机理，所有的数据均聚合到团队这一层面。而在现实情况中，除了团队层面的因素，员工层面的因素，如个体特质、态度、想法也会对团队创新产生影响。另外，组织层面的因素，如组织内部是否具有创新氛围、是否建立了完善的知识共享机制等，皆会影响团队创新。从这个视角来看，单层的变量关系还未能完整地诠释团队工作不安全感对团队创新的影响。因此，未来的研究可以考虑更多元层面的变量，如在员工层面、团队层面、组织层面进行跨层次研究，以期从更多元的视角阐明和揭示团队层面工作不安全感与团队创新的关系。

6 研究结论与未来研究方向

本书前 5 章首先阐述了研究背景和研究问题，其次整理和归纳相关文献综述和理论基础，最后通过模型构建、假设推导、数据收集和实证分析分别从员工层面和团队层面的工作不安全感对员工创新行为的影响进行了研究。本章是全文的结尾部分，主要归纳总结前 5 章的内容，阐明研究的理论贡献和可能给管理实践带来的启示，并指明了本书还存在的局限和未来的研究方向。

6.1 研究结论

首先，本书结合现实背景和理论背景，寻找研究突破点，提出研究问题。其次，本书在梳理相关文献后，对相关理论基础进行整理和汇总，为后续研究设计和假设提出做铺垫。最后，本书针对要研究的核心问题，分别从员工层面和团队层面进行探索和分析，得出相应结论。具体而言，研究一基于认知评价理论和资源保存理论，引入情绪劳动这一变量，探讨其在员工层面的工作不安全感对员工创新行为的影响路径中发挥的中介作用，重点分析了情绪劳动的表层策略和深层策略所起到的不同中介作用。同时，研究一还引入组织支持感作为调节变量，探讨了员工层面的工作不安全感对员工创新行为的边界条件。研究二基于团队 IPO 理论和积极情绪扩展-建构理论，引入团队反思这一团队过程变量作为中介变量，并把团队成员知识异质性和团队情绪氛围作为调节变量，以探讨团队层面的工作不安全感对团队创新的影响机制和边界条件。研究一和研究二采用了聚合检验、验证性因子分析、描述性统计分析、回归分析、中介效应分析、被调节的中介效应分析等数据分析方法进行模型验证和假设检验。本书的研究结论可以分为以下五个部分：

6.1.1 员工层面：情绪劳动的不同中介效应

工作场所通常被认为是一种理性环境，情绪易被忽略，然而有学者认为情绪可作为解释员工行为和组织结果的因素之一（杜鹏程，杜雪，姚瑶等，2017）。工作不安全感会引发员工的负面情绪，但服务型企业的性质往往要求员工在工作中表现出积极的情绪，进一步强调了人们的情绪表达须符合群体期望（吕晓俊 & Guy，2018）。当处于不确定的工作环境中，员工既面临害怕丢失工作机会、担忧职业发展前景受阻而产生工作不安全感，又面临组织要求的积极情绪时，就会"掩盖"自己的真实情绪，用"伪装"的情绪进行表达，必然不断损耗个体资源，员工时间、精力和体力等资源的减少也使员工不容易产生创新行为，即工作不安全感通过表层策略减少员工的创新行为。然而，除了消极被动地接受工作不安全感带来的负面效应，员工也可能会主动地使自己的真实情绪与组织要求的积极情绪相一致来克服工作中的不稳定状态，用积极的工作状态来处理问题，即工作不安全感能够通过深层策略增加员工的创新行为。

从表 4-11 的描述性统计分析可以发现，工作不安全感和表层策略（$r=0.24$，$p<0.01$）具有显著正相关关系，工作不安全感和深层策略（$r=0.39$，$p<0.01$）具有显著正相关关系，初步验证了 H1a 与 H1b；而表层策略和创新行为（$r=-0.19$，$p<0.01$）具有显著负相关关系，深层策略和创新行为（$r=0.47$，$p<0.01$）具有显著正相关关系，初步验证了 H2a 与 H2b。工作不安全感对表层策略具有显著的正向影响（$\beta=0.33$，$p<0.01$），故 H1a 成立；工作不安全感对深层策略具有显著的正向影响（$\beta=0.49$，$p<0.01$），故 H1b 成立；表层策略对创新行为具有显著的负向影响（$\beta=-0.19$，$p<0.01$），故 H2a 成立；深层策略对创新行为具有显著的正向影响（$\beta=0.36$，$p<0.01$），故 H2b 成立。同时，工作不安全感的回归系数由 0.33 变为 0.22（$p<0.01$），说明表层策略与深层策略在工作不安全感与创新行为之间存在部分中介效应，故 H3a 与 H3b 成立。本书还运用 bootstrap 法重复抽样 5 000 次，得到 95% 的置信区间。结果表明，工作不安全感经由表层策略对创新行为的间接影响显著，差异值为 -0.06，95% CI = [-0.09, -0.04]，不包含 0；工作不安全感经由深层策略显著对创新行为间接影响依然是显著的，差异值为 0.18，95% CI = [0.13, 0.22]，不包含

0，H3a、H3b 再次得到了验证。本书还把情绪劳动的表层策略和深层策略进行了中介效应值对比，差异值为-0.24，95%CI = ［-0.29，-0.19］，不包含 0，故 H3c 成立。

6.1.2 员工层面：组织支持感的调节作用

面临工作不安全感带来的压力，员工会进行情绪劳动以保住现有工作，在此过程中耗费了大量心理资源。组织支持使得员工感知到来自组织的支持与认可，以弥补自身已损耗的资源，更多组织资源可以帮助员工积极应对工作中的挑战（Wallace，Edwards，Arnold，et al.，2009），进而增加员工的创新行为。工作不安全感在使员工产生不稳定的压力的同时，也给予员工取得高绩效、获得发展的机会和挑战的机会。拥有高组织支持感的员工为了回报组织，会更努力地把压力变为动力，克服工作中的困难和挑战。所以，在面对工作不安全感时，感知到组织支持感的员工倾向于在这些挑战上投入更多时间与精力，减少表层策略对创新行为的负向影响，增加深层策略对创新行为的正向影响。

从表 4-13 中可知，组织支持感积极作用于创新行为（$\beta = 0.23$，$p < 0.01$），与表层策略的交互项也对创新行为产生了显著的积极作用（$\beta = 0.16$，$p < 0.01$），这说明当员工感知到的组织支持感程度越高，表层策略对创新行为的负向影响会越弱，故 H4a 成立。同时，组织支持感与深层策略的交互项也对创新行为产生了显著的积极作用（$\beta = 0.10$，$p < 0.01$），这说明当员工感知到的组织支持感程度越高，深层策略对创新行为的正向影响越强，故 H4b 成立。

此外，我们还运用 bootstrap 法重复抽样 5 000 次，得到 95%的置信区间，在组织支持感较低时（-1SD），工作不安全感经由表层策略对创新行为的间接影响显著，差异值为-0.09，95%CI = ［-0.14，-0.05］，不包含 0；在组织支持感较高时（+1SD），工作不安全感通过表层策略对创新行为的间接影响依然显著，差异值为-0.03，95%CI = ［-0.05，-0.01］，不包含 0；当组织支持感处于不同高低程度时，工作不安全感经由表层策略对创新行为的间接效应值的差异显著，差异值为 0.06，95%CI = ［0.02，0.11］，不包含 0，故 H5a 成立。

同理，在组织支持感较低时（-1SD），工作不安全感经由深层策略对创新行为的间接影响显著，差异值为 0.10，95%CI = ［0.06，0.16］，不包含 0；在组织支持感较高时（+1SD），工作不安全感通过深层策略对创新行为的间接影响显著，差异值为 0.23，95%CI = ［0.17，0.29］，不包含 0；当组织支持感处于不同高低程度时，工作不安全感经由深层策略对创新行为的间接效应值的差异显著，差异值为 0.13，95%CI = ［0.05，0.20］，不包含 0，故 H6b 成立。

6.1.3　团队层面：团队反思的中介效应

团队层面的工作不安全感是一种团队社会情境，可作为团队过程的输入因素，经历工作不安全感的团队为了避免失去工作和资源损失，会选择在"危中求机"，因此会促使团队进行反思，思考导致陷入此情景的原因，同时也审视外部环境，积极寻找应对方案。

经历工作不安全感的团队成员可能会有团队的意识，会更愿意倾听和积极思考其他成员所提的建议和意见，仔细评估团队的目标、策略或流程能否适应当前或预期的内外部环境。同时，团队成员会更加大方地分享自己觉得有价值的知识、技能等，有利于团队成员学习到新知识，产生思想碰撞，萌生更多创新的思维。团队成员之间的信任程度较高，更易激发合作意识，达成一致决议，进而促进了团队创新的发展，产生团队输出。

从表 5-12 的描述性统计可知，工作不安全感与团队反思存在显著正相关关系（$r = 0.37$，$p < 0.01$），初步验证了 H6。工作不安全感与团队创新不存在直接相关关系，团队反思和团队创新存在显著正相关关系（$r = 0.48$，$p < 0.01$），初步验证了 H7。由表 5-13 的逐步回归分析可知，工作不安全感对团队反思具有显著的正向影响（$\beta = 0.35$，$p < 0.01$），故 H6 成立。工作不安全感对团队创新具有显著的正向影响（$\beta = 0.23$，$p < 0.01$），团队反思对团队创新具有显著的正向影响（$\beta = 1.07$，$p < 0.01$），故 H7 成立。同时，工作不安全感对团队创新回归系数由 0.23（$p < 0.01$）变成 -0.14（$p > 0.05$），说明团队反思在工作不安全感与创新行为之间存在中介效应，故 H8 成立。

本书还运用 bootsrap 法重复抽样 5 000 次，得到 95%的置信区间。表 5-14 的结果显示，模型的总体中介效应显著，差异值为 0.23，95%CI = ［0.03，0.44］，不包含 0；值得说明的是，工作不安全感对团队创新的直接效应不显著，差异值为−0.14，95%CI = [−0.29，0.02]，包含0，而工作不安全感通过团队反思对团队创新的间接效应显著，效应值为0.37，95%CI = [0.22，0.53]，不包含0。这说明工作不安全感不会直接影响团队创新，而需要通过团队反思这个团队过程，才能促进团队创新，再次验证了H8。

6.1.4　团队层面：团队知识异质性的调节作用

经历工作不安全感的团队为了避免失去工作，会促使团队进行反思以求走出困境，但是不同的团队反思的深度和广度都是不一样的。本书把团体知识异质性作为了调节因素，具体来说，当员工无法单独完成某个组织或上级所布置的任务时，知识异质性团队的价值便会体现出来。在应对工作不安全感这种既复杂又模糊情境时，团队知识异质性可以整合多个不同领域的知识或专长，帮助团队评估目标、策略和流程是否能应对工作不安全感这种情景。同时，具有知识异质性的团队往往能产生较多的意见和建议，对于同样的问题，也更容易产生多个解决方案，有助于在团队反思过程中收集到更多的意见、建议，再通过整合这些意见和建议，冲破固有思维，找到解决方案。此外，有工作不安全感的成员，除了与团队成员交流，还有可能去寻找团队以外的人交流，这些人可能是与自己知识背景接近的人，比如以前的同学或者同事，以获得有益的知识。团队成员能分享出更多有价值的观点，彼此之间能通过交流从对方身上学到更多的知识和技能，进而产生更多创新的想法，可见团队中每一个成员背后所拥有的异质知识网络也是整个团队的知识泉源。因此，团队知识异质性调节了团队反思在工作不安全感与团队创新关系中起的中介作用。当团队知识异质性较高时，团队反思在工作不安全感对团队创新关系中起的中介作用将会增强，反之则减弱。

当把自变量——工作不安全感、调节变量——团队知识异质性和交互项工作不安全感 * 团队知识异质性一起放进模型时，自变量工作不安全感回归系数是正向且显著的（$\beta = 0.50$，$p < 0.01$），调节变量团队知识异质性回归系数也是正向且显著的（$\beta = 0.33$，$p < 0.01$），工作不安全感 * 团队知识异质性这个交互项回归系数依然是正向且显著的（$\beta = 0.45$，$p < 0.01$），这说明团队知识异质性发挥了其调节作用，在工作不安全感与团队反思之间起到了显著的正向调节作用，即团队知识异质性越高，工作不安全感与团队反思之间的正向关系越强，故H9成立。此外，本书运用bootstrap法

重复抽样 5 000 次，得到 95% 的置信区间，表 5-16 的结果表明，此路径有调节的中介指数（Index of moderated mediation）效应值为 0.48，95%CI = [0.32，0.65]），不包含 0；在团队知识异质性较低时（-1SD），工作不安全感通过团队反思对团队创新的间接影响不显著，差异值为 0.15，95%CI = [-0.04，0.34]，包含 0；而在团队知识异质性较高时（+1SD），工作不安全感通过团队反思对团队创新的间接影响显著，差异值为 0.92 95%CI = [0.75，1.11]，不包含 0；在不同程度的团队知识异质性下，间接效应值的差异显著，差异值为 0.77，95%CI = [0.52，1.04]，不包含 0，故 H10 成立。

6.1.5　团队层面：团队情绪氛围的调节作用

积极情绪扩展-建构理论解释了积极情绪如何拓展个体的瞬间思维-行为的范围，使个体的思维模式变得更加灵活、机动，且富有创造性。同时，积极情绪还会给个体建构持久的个人资源（Fredrickson，2000）。扩展和开拓性互动理论认为积极情绪会扩大个体的认知。团队在反思过程中需要对团队内外部环境进行考量，明确团队目标和计划等，积极的情绪氛围会增加个体可用的认知因素的数量并找到更多的解决问题的路径，也会促进不同的认知因素之间相互联结的可能性。团队会追求新颖的、具有创造性的思想与行动的路径，从而有助于团队创新。Rhee（2007）也发现，当团队处于积极情绪氛围中时，团队成员之间会呈现出更多的扩展性互动和开拓性互动，这有利于在团队中展开积极的学习行为，继而激发团队的创造力。在个体认知方面，积极的情绪氛围也能激发员工在认知层面的扩展，引发员工较强的自主性。在与其他团队成员交流和反思的时候，更愿意根据他人的观点和想法来进行积极思考，为团队创新付诸自身努力。因此，团队情绪氛围调节了团队反思在工作不安全感与团队创新关系中起的中介作用。当团队情绪氛围较好时，团队反思在工作不安全感对团队创新关系中起的中介作用将会增强，反之则减弱。

根据表 5-17 的调节效应分析结果可知，将自变量——团队反思、调节变量——团队情绪氛围和交互项团队反思 * 团队情绪氛围一起放进模型，团队反思回归系数显著（$\beta = 0.88$，$p < 0.01$），团队情绪氛围回归系数显著（$\beta = 0.39$，$p < 0.01$），交互项回归系数亦显著（$\beta = 0.62$，$p < 0.01$），证明团队情绪氛围在团队反思与团队创新之间起到了显著的正向调节作

用，即团队情绪氛围越高，团队反思与团队创新之间的正向关系越强，故
H11 成立。接着，本书运用 bootstrap 法重复抽样 5 000 次，得到 95% 的置
信区间。表 5-18 的结果表明，此路径有调节的中介指数的差异值为 0.20，
95%CI = [0.08, 0.35]，不包含 0；在团队情绪氛围较消极时（-1SD），
工作不安全感通过团队反思对团队创新的间接影响显著，差异值为 0.22，
95%CI = [0.11, 0.34]，不包含 0；在团队情绪氛围较积极时（+1SD），
工作不安全感通过团队反思对团队创新的间接影响显著，差异值为 0.43，
95%CI = [0.25, 0.61]，不包含 0；在不同程度的团队知识异质性下，工
作不安全感通过团队反思对团队创新间接效应值的差异显著，差异值为
0.21，95%CI = [0.09, 0.36]，不包含 0，故 H12 成立。本书所提出的所
有假设汇总于表 6-1。

表 6-1   研究假设汇总

假设内容	检验结果
H1a：工作不安全感对表层策略具有正向影响	支持
H1b：工作不安全感对深层策略具有正向影响	支持
H2a：表层策略对创新行为具有负向影响	支持
H2b：深层策略对创新行为具有正向影响	支持
H3a：工作不安全感经由表层策略对员工创新行为产生消极的间接作用	支持
H3b：工作不安全感经由深层策略对员工创新行为产生积极的间接作用	支持
H3c：相较于表层策略，深层策略在工作不安全感与员工创新行为关系中的间接效应更强	支持
H4a：组织支持感调节表层策略与员工创新行为的关系，相比低水平的组织支持感，高水平的组织支持感会缓和表层策略对员工创新行为的消极作用	支持
H4b：组织支持感调节深层策略与员工创新行为的关系，相比低水平的组织支持感，高水平的组织支持感会增强深层策略对创新行为的积极作用	支持
H5a：组织支持感调节了工作不安全感经由表层策略间接影响员工创新行为的过程机制。相较于低水平的组织支持感，高水平的组织支持感会缓和表层策略的消极中介作用	支持
H5b：组织支持感调节了工作不安全感经由深层策略间接影响员工创新行为的过程机制。相较于低水平的组织支持感，高水平的组织支持感会增强深层策略的积极中介作用	支持
H6：团队层面的工作不安全感正向影响团队反思	支持

表6-1(续)

假设内容	检验结果
H7：团队反思正向影响团队创新	支持
H8：工作不安全感会通过表层策略的中介作用，对创新行为产生间接影响	支持
H9：团队知识异质性在工作不安全感与团队反思之间起调节作用，即团队知识异质性越高，工作不安全感对团队反思的正向影响越强	支持
H10：团队知识异质性调节了团队反思在工作不安全感与团队创新关系中起的中介作用。当团队知识异质性较高时，团队反思在工作不安全感对团队创新关系中起的中介作用将会增强，反之则减弱	支持
H11：团队情绪氛围在团队反思与团队创新之间起调节作用；即团队情绪氛围越高，团队反思对团队创新的正向影响越强	支持
H12：团队情绪氛围调节了团队反思在工作不安全感与团队创新关系中起的中介作用。当团队情绪氛围较高时，团队反思在工作不安全感对团队创新关系中起的中介作用将会增强，反之则减弱	支持

6.2　研究的理论贡献和实践意义

6.2.1　研究的理论贡献

第一，拓展了现有工作不安全感影响创新行为的研究视角。以往文献主要从消极视角来探讨工作不安全感对员工心理、工作态度、工作行为所产生的影响。相比之下，学者们对工作不安全感积极影响创新的关注较少，相关研究不够深入，本书扩展了工作不安全感与创新之间的积极关系研究。以往文献大多把工作不安全感视为压力源的一种，这种具有"坏作用"的阻碍性压力源会导致员工降低在工作中的控制感，从而抑制员工的发散思维和创新行为。然而，本书验证了员工的工作不安全感通过正向影响员工的情绪劳动深层策略，进而有利于员工创新行为的实施。同时，本书也验证了团队层面的工作不安全感通过正向团队反思，进而促进团队创新。综上，本书从积极的和正向的视角出发，揭示了工作不安全感可以通过多种路径对创新产生积极和正向的作用，有利于扩充和丰富工作不安全感积极影响的相关研究，也平衡了工作不安全感积极和消极研究。

第二，丰富了工作不安全感在不同层次对创新影响的见解。已有文献主要研究的是基于员工层面的工作不安全感如何对员工的创新产生影响，在团队层面的研究少之又少。根据创新多层次理论可知，创新行为不仅仅局限于员工层面，在团队层面上同样会发生创新（Anderson et al., 2004）。Gong 等（2013）指出，需要研究同一个前因变量是否会通过不同作用机理对团队创新和个人创新产生不同影响。本书根据管理实践和文献研究，通过实证研究回答了"工作不安全感如何影响员工和团队创新？""工作不安全感在员工层面和团队层面对创新有何不同的影响机制？""在工作不安全感的影响下，组织的员工和团队是否有可能寻找办法，积极应对，以改善当前状态？"这些问题。针对上述问题，本书设计了两个研究，分别从两个层次来理解和分析工作不安全感与创新行为之间的作用路径。研究一基于认知评价理论和资源保存理论，遵循"员工认知评价→应对策略选择→行为结果"这一思路，从员工层面证明了个体对工作不安全感的认知差异会引发员工对情绪劳动的不同策略进行选择，进而导致不同创新行为结果的过程机制。研究二基于团队 IPO 理论和积极情绪的拓展-建构理论，遵循"团队输入→团队过程→团队输出"这一思路，把团队各个成员感知到的工作不安全感聚集到团队层面，证明了团队层面的工作不安全感会激发团队反思，进而导致团队创新的过程机制，这丰富了工作不安全感在不同层次对创新影响的研究。

第三，分析了工作不安全感影响创新行为的中介过程。本书响应了 Selenko 等（2013）的呼吁，从更多的角度发掘和解释工作不安全感和创新行为之间的联系，探讨了情绪劳动在工作不安全感与创新行为之间的中介作用，为解释这两者关系提供了新思路。面对同样的外部环境，若员工对工作不安全感做出威胁性评价，认为自己即将面临资源的损耗，往往会采取消耗更少资源的表层策略，付出更少的努力保住现有的资源，他们也会避免创新失败导致更多的资源损失，从而表现出较少的创新行为。若员工对工作不安全感做出具有挑战性评价，他们就会看到危机中的机会以及获得资源的可能性，就会自发地采用深层策略，调整内心状态和情绪，主动、积极地与主管、同事以及客户沟通交流，并获得支持，从而有助于创新行为的产生。本书把团队层面的工作不安全感视为一种团队社会情境，把它作为团队过程的输入因素，探讨团队反思在工作不安全感与创新行为之间的中介作用，为解释在团队层面这两者的关系提供了新思路。经历工作不安全感的团队为了避免失去工作和资源损失，会选择在"危中求机"，因此会促使团队进行反思，思考导致陷入此情景的原因，同时也审视外部环境，积极寻找应对方案。同时，有工作不安全感的团队成员可能会有团队意识，在团队反思的过程中会更愿意倾听和积极思考其他成员所提的建议和意见，仔细评估团队的目标、策略或流程能否适应当前或预期的内外部环境。团队成员也会更加大方地分享自己觉得有价值的知识、技能等，有利于团队成员学习到新知识，产生思想碰撞，萌生更多创新的思维。最后，团队成员之间的信任程度较高，更易激发合作意识，达成一致决议，进而促进团队产生更多的创新行为。

第四，拓展了工作不安全感影响创新行为的作用边界。Caldwell 等（2004）建议采用"组织内外""人与情境"交互的视角来深入探究组织的现象，本书回应了此号召。研究一探讨了组织支持感与员工情绪劳动的表层策略和深层策略的交互作用，对员工创新行为的影响。情绪劳动的表层策略和深层策略是员工的策略选择，组织支持感是组织的一种情境，研究证明了较高的组织支持感会减少表层策略对创新行为的负向影响，并加强深层策略对创新行为的正向影响。研究二探讨了团队层面的工作不安全感与团队知识异质性的交互作用对团队反思的影响，工作不安全感是因对外部的不确定性而产生的不安全感，知识异质性是团队内部构成情况。研究表明，在团队产生工作不安全感的情况下，相对于低知识异质性，较高的团队内部的知识异质性更能激发团队反思。此外，本书还探讨了团队反思与团队情绪氛围的交互作用对团队创新的影响。团队反思是内部团队过程，团队情绪氛围是组织的一种情境。研究表明，积极的团队情绪氛围会促进团队反思后产生更多的团队创新行为。这不仅有助于理解什么类型的组织和团队更能有效应对工作不安全感，也有利于全面地了解员工和团队所经历的不安全感影响其创新行为的边界条件。

6.2.2　研究的实践意义

工作不安全感是组织和其员工普遍面对的压力，但是盲目地消除所有导致工作不安全感产生的因素会付出很多努力且不一定有效，是不明智的做法。本书的实践管理意义在于帮助组织管理者探索出在工作不安全感已经无法避免的情况下能够合理地利用工作不安全感来促进员工产生创新行为的路径。

本书的实践意义主要体现在以下三个方面：

第一，用辩证的观点和视角来看待工作不安全感的影响。以往过多的研究探索了工作不安全感给员工和组织带来的消极影响，这导致管理者对于工作不安全感抱有戒备和警惕的状态。然而现实情况是，过于安逸的工作环境反而可能使得员工丧失斗志。而适度的工作不安全感会使员工产生一定的压力和处于紧张的状态，这有利于员工发挥主观能动性来促进自我发展，甚至产生创新的行为来帮助自己渡过危机。因此，组织可以从更多元的视角来面对和管理工作不安全感，比如引入公正的竞争和晋升机制，合理调动员工的自发性，与员工一起化危为机。

第二，加强对员工的培训。一方面，组织要培养员工的情绪管理的能力，指导员工在面对危机时采用合理的应对策略，帮助员工看到机会以及获得资源的可能性，鼓励员工在情绪劳动时选择深层策略，调整内心状态和情绪与组织要求保持一致，主动、积极地与主管、同事和客户沟通交流，发挥自身的主观能动性来化解工作不安全感带来的消极影响。另一方面，组织要注重团队反思意识的培养。如果组织无法创造条件来消除员工对工作不安全感所产生的种种顾虑，应为团队成员创造条件，着重培养团队成员的反思意识。"磨刀不误砍柴工"，给团队和员工预留出充足的时间，让他们对所处内部环境和外部环境进行评估，再对团队制定的目标、策略和流程进行集体反思。同时，组织还需要着重培养团队成员的反思意识，以提高团队的创新水平，增强组织的竞争优势。

第三，营造支持创新的组织氛围。创新是具有探索性和风险性的，一方面，组织应切实地展现出对员工的关心、赏识、正向反馈，以期使员工更好地感知到来自组织的支持。组织还需要让员工感觉到对来自组织的关怀和重视都是出于真挚的感情和自发的动机，而不是受外界压力所迫。这对减少员工流失、提高员工满意度、增强员工工作动力具有重要的意义。另一方面，组织应营造积极的情绪氛围，这样既有利于团队产生积极的心态和行为，还有助于团队成员习得新知识来解决所面临问题，使他们变得更加乐观且有韧性，也能帮助他们在巩固现有社会联结的基础上，去开发和建立更多新的社会联结，这些因素都有利于帮助团队主动、大胆地投入到创新实践中。

需要说明的是，本书并不倡导组织通过提高员工的工作不安全感来激发员工创新。在科技革新、市场动荡、突发事件以及组织内外政策皆处于不断调整的情况下，组织无法帮助员工规避和消除所有可能导致工作不安全感的因素。本书建议组织管理者无须为此困惑，而要尝试换一种思路看待此问题，将此情况视为激发员工和团队创新的机会，通过制定合理科学的政策、营造积极的支持员工的氛围等，让员工认识到"事在人为，人定胜天"，激发员工自我发展的意愿。

6.3 研究的局限及未来发展方向

本书通过两个研究，分别探讨了在员工层面和团队层面的工作不安全感对创新的影响机制。通过纵向和多源调查数据的实证检验，本书所有假设均得到了验证。虽然笔者在研究过程中进行了科学与规范的研究设计，也得到了资深教授的指导，但由于有限的学术水平和社会资源，本书的研究还存在一些局限。

第一，在问卷调研方面的局限。研究一的问卷调查采用了员工自评的方式，研究二的问卷调查方法有所改进，采用了团队成员和团队领导的多源数据收集方式。本书采用这两种较主观的数据收集的方式是因为服务业的创新是结合企业经营和客户交互的实际情况进行创新开发的，以社会科学和人力资源科学为理论基础，更难以"标准化"的定义来衡量。此外，员工和团队成员更为清楚自己在工作中是否产生了有创意的点子或想法，是否为了实现自己的构想或创意去争取所需要的人力或者物力资源。虽然在调研过程中，笔者和参与者强调了保密性和匿名性，但在填写问卷的过程中，参与者难免受到社会赞许的影响，导致数据没有呈现出最真实的状态。后续研究可以通过采取控制实验的方法，使研究数据更客观。

第二，在研究样本多样性方面的局限。本书的数据来自服务型企业一线员工及其领导，没有采用数据库或公开数据等。发放问卷的时期正处于疫情期，数据收集有一定难度，所以只能根据现代服务业的分类并结合自身人际资源，以保证问卷的顺利发放和回收率。在此过程中，我们尽可能地选取了不同类型的服务型企业，最终从 16 个服务型企业收取到了两个研究的数据，虽然这些企业归属于现代服务业的不同类型，但仍然不能代表所有服务型企业。本书把研究对象聚焦在服务型企业的好处是使得研究结论更加具有针对性，但在一定程度上影响了样本的多样性，相应降低了研究结果的普适性。研究一收集到样本 810 份，研究二收集到 81 个团队 359

名团队成员的问卷，与研究变量的数量之比早已超过了 20：1。同时，本书采取了纵向数据来进行模型验证，更加真实地反映了变量间的因果关系，检验结果的有效性远高于截面数据。因此，虽然样本数量和行业存在一定局限，但由数据分析的结果可知，本书依然能够保证所收集的样本数据对假设模型的验证结果真实可信。以后的研究可以将本书的研究模式应用到其他类型的服务型企业或其他行业中，以验证本结果的合理性。

第三，研究结构层次的局限。本书将所有样本均纳入同一层次进行数据的收集和假设的检验。研究一所探讨的变量都在员工层面，研究二对研究一的局限进行了弥补，把所有的数据均聚合到了团队层面。而在现实情况中，除了团队层面的因素外，员工层面的因素，如个体特质、态度、立场、意愿、想法等也会对团队创新产生影响。另外，组织层面的因素，如组织内部是否具有创新氛围、是否建立了完善的知识共享机制等，皆会影响团队创新。从这个视角来看，单层的变量关系不一定能完整地诠释团队工作不安全感对团队创新的影响。因此，未来的研究可以考虑更多元层面的变量，如员工层面、团队层面、组织层面进行跨层次研究，以期从更多元的视角来阐明和揭示工作不安全感对创新的影响机制。另外，未来的研究还可以从更微观的层面来进行探讨，员工的情绪并不是稳定不变的，员工每天的情绪可能发生变化，甚至每个时间段的情绪都有可能波动，后续可以采用日志研究的方法，将员工间的差异与员工内的差异同时进行分析，以捕捉员工情绪的变异规律及其在工作不安全感对创新中的动态影响过程，以丰富研究视角。

第四，变量多类型和多维度研究的局限。本书对于工作不安全感的定义和测量维度均按照 Hellgren 等（1999）学者所提出的建议来界定的，在测量的时候把所有的题项都聚合到了一个维度来进行假设检验，但是工作不安全感的不同维度（如数量型工作不安全感和质量型工作不安全感）是否会对后续的员工行为和团队结果产生不同影响，在本书中没有进行探讨。此外，工作不安全感也可能是由不同因素引发的，如数字技术、疫情等突发外部事件。那么，不同类型的工作不安全感是否会对后续的员工行为和团队结果影响产生不同影响？本书也没有对这一问题进行探讨。未来的研究可以将工作不安全感进行多维度和多类型的测量和探究，并探讨其在长期和短期的时间范围里是否具体差异。

第五，以往研究关于团队反思如何影响团队创新行为的结论还未达成一致，是有分歧的，究其原因可能是团队反思的不同维度会对团队结果产生不同影响。Swift 和 West（1998）提出，团队反思可以分为轻度反思、中度反思与深度反思，本书通过对收集到的 359 份团队成员和主管配对数据的分析，验证了团队层面的工作不安全感经由团队反思，正向作用于团队创新行为，但并没有对团队反思的层次进行划分，以探究不同维度对结果变量所产生的影响。未来的研究可以进一步细化团队反思的各个层次与团队创新之间的关系，探索不同层次之间是否有差异存在。张文勤和石金涛（2008）指出，团队反思与团队创新之间可能还会有中介变量起到传导作用，未来研究还可以引入间接变量，以进一步明晰团队反思对团队创新影响机制的"黑箱"，找到团队层面的工作不安全感通过团队反思影响团队创新的这一路径。

参考文献

[1] 宝贡敏, 刘枭. 感知组织支持的多维度构思模型研究 [J]. 科研管理, 2011, 32 (2): 160-168.

[2] 毕妍, 蔡永红, 蔡劲. 薪酬满意度、组织支持感和教师绩效的关系研究 [J]. 教育学报, 2016 (2): 81-88.

[3] 陈晨, 时勘, 陆佳芳. 变革型领导与创新行为: 一个被调节的中介作用模型 [J]. 管理科学, 2015 (4): 11-22.

[4] 陈明淑, 周子旋. 工作不安全感对员工创造力的积极影响: 基于压力学习效应的视角 [J]. 中国人力资源开发, 2020, 37 (5): 33-45.

[5] 陈伟, 琚泽霞, 陶长琪. 金融效率, 环境规制与 R&D 创新: 基于价值链理论的 2 阶段分析 [J]. 江西师范大学学报 (自然版), 2018, 42 (5): 99-107.

[6] 陈志明, 李波. 民营企业技术创新政策工具的重要性评价: 基于佛山市 248 家民营企业的问卷调查 [J]. 科技管理研究, 2019, 39 (21): 47-52.

[7] 陈志霞, 廖建桥. 组织支持感及其前因变量和结果变量研究进展 [J]. 人类工效学, 2006, 12 (1): 62-65.

[8] 陈作章, 贝政新, 周晨. 商业银行科技支行业务创新案例研究 [J]. 中国软科学, 2013 (1): 61-71.

[9] 邓志华, 肖小虹, 张亚军. 团队精神型领导与研发团队创新行为的关系: 团队自省性和团队外部社会资本的影响 [J]. 商业经济与管理, 2019 (12): 66-77.

[10] 丁威旭, 大卫·梯斯, 李平. 阴阳平衡思维方式与动态能力理论: VUCA 时代企业 "灰度" 动态能力决定企业高度 [J]. 清华管理评论,

2019 (11): 35-41.

[11] 董念念, 王雪莉. 有志者, 事竟成: 内在动机倾向, 创意质量与创意实施 [J]. 心理学报, 2020 (6): 801-810.

[12] 董甜甜, 陈维政, 陈玉玲. 组织变革, 群体工作不安全感与组织绩效 [J]. 财经问题研究, 2019 (11): 129-136.

[13] 段光, 杨忠. 知识异质性对团队创新的作用机制分析 [J]. 管理学报, 2014, 11 (1): 86-94.

[14] 杜鹏程, 杜雪, 姚瑶, 等. 雇员敌意与员工创新行为: 情绪劳动策略与冲突管理方式的作用 [J]. 科技进步与对策, 2017, 34 (12): 148-154.

[15] 段锦云, 傅强, 田晓明, 等. 情感事件理论的内容、应用及研究展望 [J]. 心理科学进展, 2011, 19 (4): 599-607.

[16] 范黎波, 杨金海, 史洁慧. 女性领导力特质对员工绩效的影响研究: 基于团队氛围的中介效应简 [J]. 南京审计大学学报, 2017 (4): 34-43.

[17] 顾远东, 周文莉, 彭纪生. 消极情绪与员工创造力: 组织认同、职业认同的调节效应研究 [J]. 管理科学学报, 2019 (6): 21-35.

[18] 房俨然, 魏薇, 罗萍, 等. 员工负性情绪对情绪劳动策略的影响 [J]. 心理学报, 2019, 51 (3): 89-101.

[19] 冯卫东. 聘任制背景下高校教师工作不安全感与敬业度和工作绩效关系研究 [D]. 成都: 西南财经大学, 2014.

[20] 冯冬冬, 陆昌勤, 萧爱铃. 工作不安全感与幸福感、绩效的关系: 自我效能感的作用 [J]. 心理学报, 2008, 40 (4): 448-455.

[21] 高中华, 赵晨, 付悦, 等. 团队情境下忧患型领导对角色绩效的多层链式影响机制研究 [J]. 管理世界, 2020, 36 (9): 186-201, 216.

[22] 顾远东, 彭纪生. 组织创新氛围对员工创新行为的影响: 创新自我效能感的中介作用 [J]. 南开管理评论, 2010, 13 (1): 30-41.

[23] 郭文臣, 杨静, 付佳. 以组织犬儒主义为中介的组织支持感、组织公平感对反生产行为影响的研究 [J]. 管理学报, 2015, 12 (4): 530-537.

[24] 郭秀丽, 葛玉辉. 基于 IPO 模型研究高管团队自反对团队人力资本的影响 [J]. 科技与管理, 2015, 17 (2): 115-118.

[25] 耿丽萍, 薛耀文, 刘娜. 企业综合自主创新能力的调查问卷设计研究 [J]. 科技进步与对策, 2009, 26 (16): 132-135.

［26］韩锐，李景平，张记国.公务员薪酬公平感对职场偏差行为的影响机制：基于个体-情境交互视角［J］.经济体制改革，2014（2）：20-24.

［27］韩翼，廖建桥，龙立荣.雇员工作绩效结构模型构建与实证研究［J］.管理科学学报，2007，10（5）：62-77.

［28］韩翼，杨百寅.真实型领导，心理资本与员工创新行为：领导成员交换的调节作用［J］.管理世界，2011（12）：78-86.

［29］何会涛，彭纪生.基于员工-组织关系视角的人力资源管理实践、组织支持与知识共享问题探讨［J］.外国经济与管理，2008，30（12）：52-58.

［30］贺伟婕，何华敏，张林.销售人员自我效能感、组织认同与情绪劳动的关系研究［J］.人力资源管理，2016（11）：227-229.

［31］侯莉颖，陈彪云.个体差异、组织支持感与工作绩效［J］.深圳大学学报（人文社会科学版），2011（2）：74-78.

［32］胡君辰，杨林锋."情绪劳动"要求与情绪耗竭：情绪劳动策略的中介作用研究［J］.心理科学，2009（2）：423-426.

［33］胡三嫚.工作不安全感及其对组织结果变量的影响机制［D］.武汉：华中师范大学，2008.

［34］胡三嫚，李中斌.企业员工工作不安全感的实证分析［J］.心理学探新，2010，30（2）：79-85.

［35］姜友文.科技企业雇主品牌与员工创新行为关系研究［D］.北京：中央财经大学，2016.

［36］克莱顿·克里斯坦森.创新者的窘境［M］.胡建桥，译.中信出版社，2010.

［37］李冰.组织支持感对医生组织公民行为的影响研究［D］.哈尔滨：哈尔滨工业大学，2011.

［38］李宏贵，李悦.新创企业创新逻辑，创新行为与创新绩效：任务与制度环境视角［J］.科技进步与对策，2018，35（11）：84-89.

［39］李嘉，徐彪，李相玉，等.情绪劳动、工作倦怠与组织承诺：组织支持感的调节作用［J］.江海学刊，2015（3）：215-220，239.

［40］李楠，葛宝山.创业团队认知多样性对团队绩效的影响：一个有调节的双中介模型［J］.经济管理，2018，40（12）：123-137.

［41］李树文.中国情境下组织支持感知与企业绩效关系的元分析

[J]. 社会科学前沿, 2015, 4 (4): 338-344.

[42] 李文亮. 突破性创新实现路径研究: 基于知识的视角 [D]. 天津: 天津大学, 2015.

[43] 李伟, 梅继霞, 熊卫. 情绪智力、劳动策略与情感耗竭: 有调节的中介模型 [J]. 科研管理, 2020, 41 (6): 230-238.

[44] 李相玉, 徐彪, 李嘉, 等. 情绪劳动对组织承诺的影响研究 [J]. 南京社会科学, 2014 (10): 14-21.

[45] 李晓艳, 周二华. 顾客言语侵犯对服务人员离职意愿的影响研究: 心理资本的调节作用 [J]. 南开管理评论, 2012, 15 (2): 39-47.

[46] 李燕琴, 陈灵飞, 俞方圆. 基于价值共创的旅游营销运作模式与创新路径案例研究 [J]. 管理学报, 2020, 17 (6): 113-120.

[47] 李正卫, 陈力昊, 王飞绒. 工作不安全感对员工创造力的影响研究: 组织信任的中介作用 [J]. 科技与经济, 2019, 32 (5): 76-80.

[48] 林川, 黄敏儿. 特质应对与展现规则对情绪劳动的影响 [J]. 心理学报, 2011, 43 (1): 65-73.

[49] 林尚平. 组织情绪劳务负担量表之发展 [J]. 中山管理评论 (台湾), 2000 (3): 427-447.

[50] 林声洙, 杨百寅. 中韩家长式领导与组织支持感及组织公民行为之间关系的比较研究 [J]. 管理世界, 2014 (3): 182-183.

[51] 凌文辁, 杨海军, 方俐洛. 企业员工的组织支持感 [J]. 心理学报, 2006, 38 (2): 281-287.

[52] 廖玉玲, 张亮. 网络条件下企业技术创新合作行为分析: 一个实验研究 [J]. 科技进步与对策, 2016 (20): 97-102.

[53] 刘喆, 杨勇, 唐加福. 负面互动事件对情绪劳动的作用机理: 基于归因视角 [J]. 华东经济管理, 2016, 30 (8): 130-138.

[54] 刘喆, 杨勇, 唐加福, 等. 自主动机、服务型领导力对情绪劳动的多层次作用机制: 一个有中介的调节作用模型 [J]. 管理工程学报, 2018, 32 (3): 52-62.

[55] 刘淑桢, 叶龙, 郭名. 工作不安全感如何成为创新行为的助推力: 基于压力认知评价理论的研究 [J]. 经济管理, 2019 (11): 126-140.

[56] 刘咏梅, 车小玲, 卫旭华. 基于IPO模型的团队多样性-冲突-绩效权变模型的元分析 [J]. 心理科学, 2014, 37 (2): 425-432.

［57］刘小禹，刘军. 团队情绪氛围对团队创新绩效的影响机制［J］.
心理学报，2012，44（4）：546-557.

［58］刘小禹，孙健敏，周禹. 变革/交易型领导对团队创新绩效的权变
影响机制：团队情绪氛围的调节作用［J］. 管理学报，2011，8（6）：857.

［59］刘小禹，刘军，关浩光. 顾客性骚扰对员工服务绩效影响机制的
追踪研究：员工传统性与团队情绪氛围的调节作用［J］. 管理世界，2012
（10）：107-118.

［60］刘小禹. 领导情绪智力和团队情绪氛围对成员满意度的影响：一
项跨层次研究［J］. 经济科学，2013，35（3）：98-107.

［61］刘朝，刘沁薇，王赛君. 银行柜员情绪表现规则对情绪劳动影响
的实证研究［J］. 财经理论与实践，2013（3）：120-123.

［62］刘彦生. 直觉思维的内涵要素及其创新性质分析［J］. 天津社会
科学，2004（4）：48-51.

［63］刘玉敏，李广平. 用工单位组织支持感对派遣员工离职倾向的影
响：有调节的中介效应［J］. 管理评论，2016，28（10）：193-201.

［64］卢小君，张国梁. 工作动机对个人创新行为的影响研究［J］. 软
科学，2007（6）：124-127.

［65］罗瑾琏，王亚斌，钟竞. 员工认知方式与创新行为关系研究：以
员工心理创新氛围为中介变量［J］. 研究与发展管理，2010（2）：1-8.

［66］吕晓俊. 和谐关系导向的东方文化更促进情绪劳动吗？：一项基
于中美公共部门雇员间的比较研究［J］. 中国行政管理，2018（7）：
95-101.

［67］吕洁，张钢. 知识异质性对知识型团队创造力的影响机制：基于
互动认知的视角［J］. 心理学报，2015，47（4）：533-544.

［68］马占杰. 工作不安全氛围对员工关系绩效的影响机制［J］. 华东
经济管理，2019，33（11）：178-184.

［69］苗仁涛，周文霞，刘丽，等. 高绩效工作系统有助于员工建言？
一个被中介的调节作用模型［J］. 管理评论，2015，27（7）：105-115.

［70］莫申江，施俊琦. 情绪劳动策略对主动破坏行为的影响［J］. 心
理学报，2017，49（3）：349-358.

［71］倪旭东. 知识异质性对团队创新的作用机制研究［J］. 企业经济，
2010（8）：57-63.

［72］倪旭东，薛宪方. 基于知识异质性团队的异质性知识网络运行机制［J］. 心理科学进展，2013，21（3）：389-397.

［73］裴彩霞. 工作不安全感、领导变革管理行为对员工创新行为的影响研究［D］. 厦门：厦门大学，2017.

［74］彭剑锋. 从二十个关键词全方位看人力资源发展大势［J］. 中国人力资源开发，2015（2）：6-11.

［75］彭凯，孙海法. 知识多样性、知识分享和整合及研发创新的相互关系：基于知识 IPO 的 R&D 团队创新过程分析［J］. 软科学，2012，26（9）：15-19.

［76］齐蕾，刘冰，宋延政，等. 服务导向高绩效工作系统对员工服务创新的影响［J］. 管理科学，2019，32（3）：16-27.

［77］宋锟泰，张正堂，赵李晶. 时间压力对员工双元创新行为的影响机制［J］. 经济管理，2019，41（5）：72-87.

［78］隋杨，陈云云，王辉. 创新氛围、创新效能感与团队创新：团队领导的调节作用［J］. 心理学报，2012，44（2）：237-248.

［79］邵芳，樊耘. 人力资源管理对组织支持动态作用机制模型的构建［J］. 管理学报，2014，11（10）：1469-1476.

［80］唐翌. 团队心理安全、组织公民行为和团队创新：一个中介传导模型的实证分析［J］. 南开管理评论，2005（6）：24-29.

［81］汤超颖，李贵杰，徐联仓. 团队情绪研究述评及展望［J］. 心理科学进展，2008（16）：926-932.

［82］田喜洲，谢晋宇. 组织支持感对员工工作行为的影响：心理资本中介作用的实证研究［J］. 南开管理评论，2010，13（1）：23-29.

［83］佟玲. 工作不安全感对离职倾向的影响研究［D］. 重庆：西南大学，2014.

［84］佟星，任浩. 领导行为与团队双元创新能力构建关系研究：双元视角下团队反思有中介的调节效应检验［J］. 科技进步与对策，2019（19）：137-144.

［85］屠兴勇，林琤璐，江静. 管理教练行为与员工创新的关系研究［J］. 科研管理，2019，40（7）：267-274.

［86］王忠诚，王耀德. 伦理型领导、知识共享与员工创新行为［J］. 求索，2016（6）：19-22.

［87］李杰义，来碧波.整体薪酬感知与创新自我效能感对员工创新行为的影响：基于长三角地区制造企业的实证研究［J］.华东经济管理，2018，32（12）：63-70.

［88］王山，张慧慧，李义良，等.众创背景下企业集群创新的案例研究：以荣事达集团为例［J］.管理学报，2019，16（5）：712-720.

［89］王辉，常阳.组织创新氛围，工作动机对员工创新行为的影响［J］.管理科学，2017，30（3）：55-66.

［90］王辉，苏新雯.企业内部创业团队知识异质性对创造力的影响机制：信息交流视角［J］.科技进步与对策，2020，37（24）：99-107.

［91］王心怡，王乾宇，张月娟，等.情绪智力，情绪劳动策略与主观幸福感的关系［J］.中国临床心理学杂志，2018，26（2）：174-177.

［92］王兴元，姬志恒.跨学科创新团队知识异质性与绩效关系研究［J］.科研管理，2013，34（3）：14-22.

［93］王阳，温忠麟，肖婉婷，等.幼儿教师共情的负面效应：一个有调节的中介模型［J］.心理科学，2018，41（6）：1423-1429.

［94］王智宁，刘梦丽，李晓磊.团队反思对员工创新行为的影响：一个跨层次被调节的中介模型［J］.软科学，2019，33（11）：68-72，78.

［95］王颖，彭灿.知识异质性与知识创新绩效的关系研究［J］.科技进步与对策，2012，29（4）：119-123.

［96］温忠麟，叶宝娟.中介效应分析：方法和模型发展［J］.心理科学进展，2014（5）：731-745.

［97］文吉，侯平平.顾客粗暴行为与酒店员工组织公民行为研究：基于组织支持感的中介作用［J］.南开管理评论，2015，18（6）：35-45.

［98］文吉，侯平平.酒店一线员工情绪智力与工作满意度：基于组织支持感的两阶段调节作用［J］.南开管理评论，2018，21（1）：146-158.

［99］吴宗佑，郑伯埙.组织情绪研究之回顾与前瞻［J］.应用心理研究，2003，19（2）：145-153.

［100］吴伟炯，刘毅，路红，等.本土心理资本与职业幸福感的关系［J］.心理学报，2012，44（10）：1349-1370.

［101］吴明隆.结构方程模型—AMOS的操作与应用［M］.重庆：重庆大学出版社，2010.

［102］吴士健，李籽儒，权英.领导者情绪智力，感知凝聚力与冲突管

理风格：基于情绪氛围的调节作用［J］.软科学，2019，33（8）：114-117，123.

［103］吴岩.创业团队的知识异质性对创业绩效的影响研究［J］.科研管理，2014，35（7）：84-90.

［104］徐宏奇.组织变革情境中的工作不安全感与工作投入关系之研究［D］.厦门：厦门大学，2014.

［105］邢楠楠，田梦.高校科研人员组织学习能力对创新行为的影响研究：基于COR视角［J］.经济与管理评论，2018，34（6）：88-96.

［106］许璟，赵磊，魏丽华，等.组织支持感对组织认同的影响：内部人身份感知和自尊的中介作用［J］.心理学探新，2017，37（3）：275-282.

［107］颜爱民，李歌.企业社会责任对员工行为的跨层分析：外部荣誉感和组织支持感的中介作用［J］.管理评论，2016，28（1）：121-129.

［108］杨付，张丽华.团队沟通、工作不安全氛围对创新行为的影响：创造力自我效能感的调节作用［J］.心理学报，2012，44（10）：1383-1401.

［109］杨洁，张露，黄勇.互联网企业玩兴氛围对创新行为的跨层次作用机制［J］.心理科学进展，2020（4）：523-534.

［110］杨皖苏，杨善林.分布式领导、组织支持感与新生代员工主动性-被动性创新行为：基于上下级关系和价值观匹配的交互调节效应［J］.管理工程学报，2020，34（3）：10-19.

［111］杨卫忠，葛玉辉，王祥兵.团队任务反思行为对决策绩效影响的实验研究［J］.工业工程与管理，2012（2）：79-84.

［112］姚艳虹，韩树强.组织公平与人格特质对员工创新行为的交互影响研究［J］.管理学报，2013，010（5）：700-707.

［113］姚柱，罗瑾琏，张显春，等.研发团队时间压力，团队反思与创新绩效［J］.科学学研究，38（8）：1526-1536.

［114］于伟，张鹏.挑战性-阻碍性压力源对研发员工主观职涯成功的影响：职业自我效能和组织职涯管理的作用［J］.管理评论，2018，30（12）：175-186.

［115］占小军.员工工作态度、情绪劳动与顾客满意度的实证研究［J］.江西社会科学，2013（9）：193-197.

［116］张华.企业家创新意识与企业创新潜力研究［D］.重庆：西南大学，2010.

[117] 张建卫，赵辉，李海红，等. 团队创新氛围、内部动机与团队科学创造力：团队共享心智模式的调节作用 [J]. 科技进步与对策，2018, 35 (6)：149-155.

[118] 张立峰. 人力资源管理强度对员工敬业度的影响研究 [D]. 沈阳：辽宁大学，2016.

[119] 张莉，林与川，张林. 工作不安全感与情绪耗竭：情绪劳动的中介作用 [J]. 管理科学，2013, 26 (3)：1-8.

[120] 张敏. 时间压力下项目创新行为实验研究：基于面子的调节作用 [J]. 科学学研究，2013 (3)：456-462.

[121] 张冉. 职场排斥对知识型员工工作行为的影响：一个中介-调节的模型 [J]. 科技管理研究，2015, 35 (9)：180-186.

[122] 张勇，龙立荣. 人-工作匹配、工作不安全感对雇员创造力的影响：一个有中介的调节效应模型检验 [J]. 南开管理评论，2013, 16 (5)：16-25.

[123] 张文勤，刘云. 研发团队反思的结构检验及其对团队效能与效率的影响 [J]. 南开管理评论，2011, 14 (3)：26-33.

[124] 张文勤，石金涛. 团队反思的影响效果与影响因素分析 [J]. 外国经济与管理，2008, 30 (4)：59-64.

[125] 张文勤，孙锐. 高新技术企业中的团队反思：量表开发与两层次验证 [J]. 科研管理，2012, 33 (10)：26-36, 105.

[126] 张亚军，张金隆，张军伟. 工作不安全感对用户抵制信息系统实施的影响 [J]. 管理科学，2015 (2)：80-92.

[127] 钟熙，王甜，彭秋萍. 领导信任、消极人格特质与员工创新行为 [J]. 工业工程与管理，2019, 24 (6)：136-142, 152.

[128] 邹桂元，靳新霞，王爱苹等. 临床护士工作不安全感、领悟性社会支持与心理困扰的关系研究 [J]. 中国实用护理杂志，2019, 35 (23)：1768-1772.

[129] 周文莉，顾远东，唐天真. 积极情绪对研发人员创新行为的影响：创造力效能感与工作卷入的中介作用 [J]. 科研管理，2020, 41 (8)：9.

[130] 周浩，龙立荣. 工作不安全感、创造力自我效能对员工创造力的影响 [J]. 心理学报，2011, 43 (8)：929-929.

［131］周浩，龙立荣.共同方法偏差的统计检验与控制方法［J］.心理科学进展，2004，12（6）：942-950.

［132］朱朴义，胡蓓.科技人才工作不安全感对创新行为影响研究［J］.科学学研究，2014，32（9）：1360-1368.

［133］ABRAMIS D J. Relationship of job stressors to job performance: linear or an inverted-U［J］. Psychological Reports, 1994（75）: 547-558.

［134］ALLEN D G, SHORE L M, GRIFFETH R W. The role of perceived organizational support and supportive human resource practices in the turnover process［J］. Journal of Management, 2003, 29（1）: 99-118.

［135］ANDERSON N, DE DREU C K, NIJSTAD B A. The routinization of innovation research: a constructively critical review of the state-of-the-science［J］. Journal of organizational Behavior, 2004, 25（2）: 147-173.

［136］AGHION P, BECHTOLD S, CASSAR L, et al. The causal effects of competition on innovation: experimental evidence［J］. The Journal of Law, Economics, and Organization, 2018, 34（2）: 162-195.

［137］AGUIAR-QUINTANA T, NGUYEN H, ARAUJO-CABRERA Y, et al. Do job insecurity, anxiety and depression caused by the COVID-19 pandemic influence hotel employees' self-rated task performance? The moderating role of employee resilience［J］. International Journal of Hospitality Management, 2021（94）: 102868.

［138］AMEEN E C, JACKSON C, PASEWARK W R, et al. An empirical investigation of the antecedents and consequences of job insecurity on the turnover intentions of academic accountants［J］. Issues in Accounting Education, 1995, 10（1）: 65.

［139］AMABILE T M. The social psychology of creativity: a Componential conceptualization［J］. Journal of Personality and Social Psychology, 1983（45）: 357-376.

［140］ANDERSON N, WEST M A. The team climate inventory: development of the TCI and its applications in teambuilding for innovativeness［J］. European Journal of Work & Organizational Psychology, 1996, 5（1）: 53-66.

［141］ANNOUK L, RUDY M. New service teams as information-processing systems: reducing innovative uncertainty［J］. Journal of Service Research, 2000, 3（1）: 46-65.

[142] ASHFORTH B E, HUMPHREY R H. Emotional labor in service roles: the influence of identify [J]. Academy of Management Review, 1993, 18（2）: 88-115.

[143] ASHFORD S J, TSUI A S. Self-regulation for managerial effectiveness: the role of active feedback seeking [J]. Academy of Management Journal, 1991, 34（2）: 251-280.

[144] ASHFORD S J, LEE C, BOBKO P. Content, causes and consequences of job insecurity: a theory-based measure and substantive Test [J]. Academy of Management Journal, 1989, 32（4）: 803-829.

[145] AQUINO K, DOUGLAS S. Identity Threat and antisocial behavior in organizations: the moderating effects of individual differences, aggressive modeling, and hierarchical status [J]. Organizational Behavior and Human Decision Processes, 2003, 90（1）: 195-208.

[146] AUDENAERT M, VANDERSTRAETEN A, BUYENS D. When innovation requirements empower individual innovation: the role of job complexity [J]. Personnel Review. 2017, 46（3）: 608-623.

[147] AUSTIN E J, DORE T, O'DONOVAN K M. Associations of personality and emotional intelligence with display rule perceptions and emotional labor [J]. Personality and Individual, 2008, 44（3）: 679-688.

[148] AW S S, ILIES R, DE PATER. Dispositional empathy, emotional display authenticity, and employee outcomes [J]. Journal of Applied Psychology, 2020, 105（9）: 1036.

[149] BANDURA A. Self-efficacy: the exercise of control [M]. New York: Freeman, 1997.

[150] BARON R M, KENNY D A. The moderator-mediator variable distinction in social psychological research: Conceptual, strategic, and statistical considerations [J]. Journal of Personality and Social Psychology, 1986（51）: 1173-1182.

[151] BEEHR T A, NEWMAN J E. Job stress, employee health, and organizational effectiveness: A facet analysis, model, literature review [J]. Personnel Psychology, 1978（31）: 665-699.

[152] BLAU G, TATUM D S, MCCOY K. et al. Job loss, human capital job feature, and work condition job feature as distinct job insecurity constructs [J]. Journal of Allied Health, 2004, 33 (1): 31.

[153] BLIESE P D. Within-group agreement, non-independence, and reliability: implications for data aggregation and analysis. multilevel theory, research, and methods in organizations [M]. San Francisco: Jossey-Bass, 2000.

[154] BONO J E, VEY M A. Personality and emotional performance: extraversion, neuroticism, and self-monitoring [J]. Journal of Occupational Health Psychology, 2007, 12 (2): 177-192.

[155] BORG I, ELIZUR D. Job insecurity: correlates, moderators and measurement [J]. International Journal of Manpower, 1992, 13 (2): 13-26.

[156] BRENNAN A, SKARLICKI D P. Personality and perceived justice as predictors of survivors' reactions following downsizing [J]. Journal of Applied Social Psychology, 2004 (34): 1306-1328.

[157] BRISLIN R W. Back-translation for cross-cultural research [J]. Journal of Culture Psychology, 1970, 1 (3): 185-216.

[158] BROTHERIDGE C M, GRANDEY A A. Emotional labor and burnout: comparing two perspectives of "people work" [J]. Journal of Vocational Behavior, 2002, 60 (1): 17-39.

[159] BURCHELL B. The effects of labour market position: job insecurity and unemployment on psychological health [M]. Oxford: Oxford University Press, 1994.

[160] BUSSING A. Can control at work and social support moderate psychological consequences of job insecurity? results from a quasi-experimental study in the steel industry [J]. European Journal of Work and Organizational Psychology, 1999 (8): 219-242.

[161] CALDWELL S D, HEROLD D M, FEDOR D B. Toward an understanding of the relationships among organizational change, individual differences, and changes in person-environment fit: a cross-level study [J]. Journal of Applied Psychology. 2004, 10, 89 (5): 868-882.

[162] CALLON M. The state and technical innovation: a case study of the electrical vehicle in France [J]. Research Policy, 1980, 9 (4): 358-376.

[163] CAMPION M A, MEDSKER G J, HIGGS A C. Relations between work group characteristics and effectiveness: implications for designing effective work groups [J]. Personnel Psychology, 1993 (46): 823-850.

[164] CARTER S M, WEST M A. Reflexivity, effectiveness, and mental health in BBC production teams [J]. Small Group Research, 1998, 29 (5): 583-601.

[165] CAVANAUGH M A, NOE R A. Antecedents and consequences of relational components of the new psychological contract [J]. Journal of Organizational Behavior, 1999 (20): 323-340.

[166] CÉLESTE M BROTHERIDGE, GRANDEY A A. Emotional labor and burnout: comparing two perspectives of "people work" [J]. Journal of Vocational Behavior, 2002, 60 (1): 17-39.

[167] CHANG C P, CHUANG H W, BENNINGTON L. Organizational climate for innovation and creative teaching in urban and rural schools [J]. Quality & Quantity, 2011, 45 (4): 935-951.

[168] CHEN X P, XIE X, CHANG S. Cooperative and competitive orientation among chinese people: scale development and validation [J]. Management & Organization Review, 2011, 7 (2): 353-379.

[169] CHEN Z, SUN H, LAM W, et al. Chinese hotel employees in the smiling masks: roles of job satisfaction, burnout, and supervisory support in relationships between emotional labor and performance [J]. The International Journal, 2012, 23 (4): 826-845.

[170] CHENG Y, CHEN C W, CHEN C J, et al. Job insecurity and its association with health among employees in the Taiwanese general population [J]. Social Science & Medicine, 2005, 61 (1): 41-52.

[171] CHIANG C F, HSIEH T S. The impacts of perceived organizational support and psychological empowerment on job performance: the mediating effects of organizational citizenship behavior [J]. International journal of hospitality management, 2012, 31 (1): 180-190.

[172] CHONG H, WHITE R E, PRYBUTOK V. Relationship among organizational support, JIT implementation, and performance [J]. Industrial Management & Data Systems, 2001, 101 (5/6): 273-281.

［173］CHUANG C H, LIAO H U. Strategic human resource management in service context: taking care of business by taking care of employees and customers ［J］. Personnel psychology, 2010, 63 （1）: 153-196.

［174］CHIRUMBOLO A, CALLEA A, URBINI F. Job insecurity and performance in public and private sectors: a moderated mediation model ［J］. Journal of Organizational Effectiveness: People and Performance, 2020, 7 （2）: 237-253.

［175］COHEN S G, BAILEY D E. What makes teams work: group effectiveness research from the shop floor to the executive suite ［J］. Journal of Management, 1997, 23 （3）: 239-290.

［176］COHEN S G, LEDFORD JR G, SPREITZER G M. A predictive model of self-managing work team effectiveness ［J］. Human relations, 1996, 49 （5）: 643-676.

［177］DEMEROUTI E, BAKKER A B. The job demands – resources model: Challenges for future research ［J］. SA Journal of Industrial Psychology, 2011, 37 （2）: 1-9.

［178］DE SPIEGELAERE S, VAN, GYES, et al. On the relation of job insecurity, job autonomy, innovative work behavior and the mediating effect of work engagement ［J］. Creativity and innovation management, 2014, 23 （3）: 318-330.

［179］DE WITTE H. Job insecurity and psychological well-being: review of the literature and exploration of some unresolved issues ［J］. European Journal of Work and Organizational Psychology, 1999 （8）: 155-177.

［180］DEKKER I, BARLING J. Workforce size and work – related role stress ［J］. Work & Stress, 1995, 9 （1）: 45-54.

［181］DIEFENDORFF J M, GOSSERAND R H. Understanding the emotional labor process: a control theory perspective ［J］. Journal of Organizational Behavior, 2003, 24 （8）: 945-959.

［182］DIEFENDORFF J M, CROYLE M H, GOSSERAND R H. The dimensionality and antecedents of emotional labor strategies ［J］. Journal of Vocational Behavior, 2005, 66 （2）: 339-357.

［183］DIEFENDORFF J M, RICHARD E M, CROYLE M H. Are emotional display rules formal job requirements? examination of employee and supervisor perceptions [J]. Journal of Occupational and Organizational Psychology, 2006, 79 (2): 273-298.

[184] DONG Y, BARTOL, ZHANG, et al. Enhancing employee creativity via individual skill development and team knowledge sharing: influences of dual-focused transformational leadership [J]. Journal of Organizational Behavior, 2017, 38 (3): 439-458.

[185] ESCRIG E D, BROCH F M, GÓMEZ R C, et al. How does altruistic leader behavior foster radical innovation? the mediating effect of organizational learning capability [J]. Leadership & Organization Development Journal, 2016, 37 (8): 1056-1082.

[186] VAN KNIPPENBERG, DE DREU, HOMAN A C. Work group diversity and group performance: an integrative model and research agenda [J]. Journal of applied psychology, 2004, 89 (6): 1008-1022.

[187] DREU D. Team innovation and team effectiveness: the importance of minority dissent and reflexivity [J]. European Journal of Work & Organizational Psychology, 2002, 11 (3): 285-298.

[188] DREU D. Cooperative outcome interdependence, task reflexivity, and team effectiveness: a motivated information processing perspective [J]. Journal of Applied Social Psychology, 2007, 92 (3): 628-38.

[189] DRACH - ZAHAVY A, SOMECH A. Understanding team innovation: the role of team processes and structures [J]. Group Dynamics: Theory, 2001, 5 (2): 111-123.

[190] DRACH-ZAHAVY A, SOMECH A. From an intrateam to an inter-team perspective of effectiveness: the role of interdependence and boundary activities [J]. Small Group Research, 2010 (41): 143-174.

[191] DREU C, WEINGART L R. Task versus relationship conflict, team performance, and team member satisfaction: a meta-analysis [J]. Journal of Applied Psychology, 2003, 88 (4): 741-749.

[192] EARLEY P C, MOSAKOWSKI E M. Creating hybrid team cultures: an empirical test of international team functioning [J]. Academy of Management Journal, 2000 (43): 26-49.

[193] EISENBERGER R, HUNTINGTON R, HUTCHISON S. Perceived organizational support [J]. Journal of Applied Psychology, 1986, 71 (3): 500-507.

[194] ELFENBEIN H A, SHIRAKO A. An emotion process model for multicultural teams [J]. Amsterdam: Elsevier, 2006 (55): 263-297.

[195] EMBERLAND J S, RUNDMO T. Implications of job insecurity perceptions and job insecurity responses for psychological well – being, turnover intentions and reported risk behavior [J]. Safety Science, 2010, 48 (4): 452-459.

[196] ERDOGAN B, KRAIMER M L, LIDEN R C. Work value congruence and intrinsic career success: the compensatory roles of leader-member exchange and perceived organizational support [J]. Personnel Psychology, 2004, 57 (2): 305-332.

[197] ETTLIE J E, GROVES K S, VANCE C M, et al. Cognitive style and innovation in organizations [J]. European Journal of Innovation Management. 2014, 17 (3): 311-326.

[198] PFEFFER J, JEFFREY P. The human equation: building profits by putting people first [M]. Harvard Business Press, 1998.

[199] FOUAD N A. Editor in chief's introduction to essays on the impact of COVID-19 on work and workers [J]. Journal of Vocational Behavior, 2020 (119): 103441.

[200] FREDRICKSON B L. What good are positive emotions? [J]. Review of General Psychology, 1998, 2 (3): 300-319.

[201] FREDRICKSON B L. The role of positive emotions in positive psychology: the broaden-and-build theory of positive emotions [J]. American Psychologist, 2001 (56): 218-226.

[202] FREDRICKSON B L, JOINER T. Positive emotions trigger upward spirals toward emotional well-being [J]. Psychological Science, 2002 (13): 172-175.

[203] GEORGE J M, ZHOU J. When openness to experience and conscientiousness are related to creative behavior: an interactional approach [J]. Journal of applied psychology, 2001, 86 (3): 513.

［204］ GEORGE J M, ZHOU J. Understanding when bad moods foster creativity and good ones don't: the role of context and clarity of feelings ［J］. Journal of applied psychology, 2002, 87 (4): 687.

［205］ GHALANDARI K JOGH M G, IMANI M, et al. The effect of emotional labor strategies on employees job performance and organizational commitment in hospital sector: moderating role of emotional intelligence in Iran ［J］. World Applied Sciences Journal, 2012, 17 (3): 319-326.

［206］ GILBOA S, SHIROM A, FRIED Y, et al. A meta-analysis of work demand stressors and job performance: examining main and moderating effects ［J］. Personnel psychology, 2008, 61 (2): 227-271.

［207］ GLOMB T M, TEWS M J. Emotional labor: a conceptualization and scale development ［J］. Journal of Vocational Behavior, 2004, 64 (1): 1-23.

［208］ GONG Y, KIM T Y, LEE D R, et al. A multilevel model of team goal orientation, information exchange, and creativity ［J］. Academy of Management Journal, 2013, 56 (3): 827-851.

［209］ GOULDNER A W. The norm of reciprocity: a preliminary statement ［J］. American Sociological Review, 1960, 25 (2): 161-178.

［210］ GRANDEY A A. Emotion regulation in the workplace: a new way to conceptualize emotional labor ［J］. Journal of Occupational Health Psychology, 2000, 5 (1): 59-100.

［211］ GRANDEY A A, TAM A P, BRAUBURGER A L. Affective states and traits in the workplace: diary and survey data from young workers ［J］. Motivation and Emotion, 2002, 26 (1): 31-55.

［212］ GRANDEY A A. When the show must go on: surface and deep acting as determinants of emotional exhaustion and peer-rated service delivery ［J］. Academy of Management Journal, 2003, 46 (1): 86-96.

［213］ GRANDEY A A, FISK G M, STEINER D D. Must "service with a smile" be stressful? the moderating role of personal control for american and french employees ［J］. Journal of Applied Psychology, 2005, 90 (5): 893-904.

［214］ GREENHALGH L. ROSENBLATT Z. Job insecurity: toward conceptual clarity ［J］. Academy of Management Review, 1984, 9 (3): 438-448.

［215］ GROTE G, PFROMBECK J. Uncertainty in aging and lifespan research: covid-19 as catalyst for addressing the elephant in the room [J]. Work, Aging and Retirement, 2020, 6 (4): 246-250.

[216] GROTH M, HENNIG-THURAU T, WALSH G. Customer reactions to emotional labor: the roles of employee acting strategies and customer detection accuracy [J]. Academy of Management Journal, 2009, 52 (5): 958-974.

[217] HALBESLEBEN J R B, NEVEU J P, PAUSTIAN-UNDERDAHL S C, et al. Getting to the "COR": understanding the role of resources in conservation of resources theory [J]. Journal of Management, 2014, 40 (5): 1334-1364.

[218] HANS D W. Job insecurity: review of the international literature on definitions, prevalence, antecedents and consequences [J]. SA Journal of Industrial Psychology, 2005, 31 (4): 1-6.

[219] HAIR J F, BLACK W C, BABIN B J, et al. Multivariate data analysis: upper saddle river [M]. NJ: Pearson Prentice Hall, 2006.

[220] HARTLEY J, JACOBSON D, KLANDERMANS B, et al. Job insecurity: coping with jobs at risk [M]. London: Sage Publications, 1991.

[221] HAYES A. Introduction to mediation, moderation, and conditional process analysis [J]. Journal of Educational Measurement, 2013, 51 (3): 335-337.

[222] HEANEY C, ISRAEL B, HOUSE J. Chronic job insecurity among automobile workers: effects on job satisfaction and health [J]. Social Science and Medicine, 1994, 38 (10): 1431-1437.

[223] HELLSTRÖM D, NILSSON F. Logistics-driven packaging innovation: a case study at IKEA [J]. International Journal of Retail & Distribution Management, 2011, 39 (9): 638-657.

[224] HELLGREN J, SVERKE M, ISAKSSON K. A two-dimensional approach to job insecurity: consequences for employee attitudes and well-being [J]. European Journal of Work and Organizational Psychology, 1999, 8 (2): 179-195.

[225] HELLGREN J, SVERKE M. Does job insecurity lead to impaired well-being or vice versa? estimation of cross-lagged effects using latent variable modeling [J]. Journal of Organizational Behavior, 2003, 24 (2): 215-236.

[226] HIGGINS, JAMES M. Innovation: the core competence [J].

Strategy & Leadership, 1995, 23 (6): 32-36.

[227] HOBFOLL S E. Conservation of resources: a new attempt at conceptualizing stress [J]. American Psychologist, 1989, 44 (3): 513-524.

[228] HOBFOLL S E, SHIROM A. Conservation of resources theory: applications to stress and management in the workplace [J]. Public Policy and Administration, 2001 (87): 57-80.

[229] HOBFOLL S E. Conservation of resource caravans and engaged settings [J]. Journal of Occupational & Organizational Psychology, 2011, 84 (1): 116-122.

[230] HOBFOLL S E, HALBESLEBEN J, NEVEU J P, et al. Conservation of resources in the organizational context: the reality of resources and their consequences [J]. Annual review of organizational psychology and organizational behavior, 2018 (5): 103-128.

[231] HOCHSCHILD A R. The managed heart: commercialization of human feeling [M]. Berkeley: University of California Press, 1983.

[232] HOCHSCHILD A R. The sociology of feeling and emotion: selected possibilities [J]. Sociological Inquiry, 1975, 45 (2-3): 280-307.

[233] HOCHSCHILD A R. Emotion work, feeling rules, and social structure [J]. American Journal of Sociology, 1979, 85 (3): 551-575.

[234] HOCHSCHILD A R. The managed heart [M]. Berkeley: University of California Press, 1983.

[235] HOLLENBECK J R, WILLIAMS C R. Turnover functionality versus turnover frequency: a note on work attitudes and organizational effectiveness [J]. Journal of Applied Psychology, 1986 (71): 606-611.

[236] HOWELL J M, BOIES K. Champions of technological innovation: the influence of contextual knowledge, role orientation, idea generation, and idea promotion on champion emergence [J]. Leadership Quarterly, 2004, 15 (1): 123-143.

[237] HU L T, BENTLER P M. Cutoff criteria for fit indexes in covariance structure analysis: conventional criteria versus new alternatives [J]. Structural Equation Modeling: A Multidisciplinary Journal, 1999, 6 (1): 1-55.

[238] HUANG G H, LEE C, ASHFORD S, et al. Affective job insecurity

［J］. International Studies of Management & Organization, 2010, 40 （1）: 20-39.

［239］HULT G, HURLEY R F, KNIGHT G A. Innovativeness: its ante-cedents and impact on business performance ［J］. Industrial Marketing Manage-ment, 2004, 33 （5）: 429-438.

［240］HÜLSHEGER U R, ANDERSON N, SALGADO J F. Team-level predictors of innovation at work: a comprehensive meta-analysis spanning three decades of research ［J］. Journal of Applied Psychology, 2009, 94 （5）: 1128-1145.

［241］HÜLSHEGER U R, SCHEWE A F. On the costs and benefits of emotional labor: a meta-analysis of three decades of research ［J］. Journal of Occupational Health Psychology, 2011, 16 （3）: 361-389.

［242］JAMES L R. Aggregation bias in estimates of perceptual agreement ［J］. Journal of Applied Psychology, 1982 （67）: 219-229.

［243］JAMES L R, DEMAREE R G, WOLF G. Estimating within-group interrater reliability with and without response bias ［J］. Journal of Applied Psy-chology, 1984, 69 （1）: 85-98.

［244］JANSSEN O. Job demands, perceptions of effort-reward fairness and innovative work behaviour ［J］. Journal of Occupational and organizational psy-chology, 2000, 73 （3）: 287-302.

［245］JAISWAL D, DHAR R L. Impact of perceived organizational support, psychological empowerment and leader member exchange on commitment and its subsequent impact on service quality ［J］. International Journal of Pro-ductivity and Performance Management, 2016, 65 （1）: 58-79.

［246］JIANG J, YANG B. Roles of creative process engagement and leader-member exchange in critical thinking and employee creativity ［J］. Social Be-havior & Personality An International Journal, 2015, 43 （7）: 1217-1231.

［247］JIN N C. Person-environment fit and creative behavior: differential impacts of supplies-values and demands-abilities versions of fit ［J］. Human Relations, 2004, 57 （5）: 531-552.

［248］JONG B, ELFRING T. How does trust affect the performance of on-going teams? the mediating role of reflexivity, monitoring, and effort ［J］. Academy of Management Journal, 2010, 53 (3): 535-549.

[249] BRÜGGEMANN J, CROSETTO P, MEUB L, et al. Intellectual property rights hinder sequential innovation. experimental evidence [J]. Research Policy, 2016, 45 (10): 2054-2068.

[250] KALIMO R, TARIS T W, SCHAUFELI W B. The effects of past and anticipated future downsizing on survivor well-being: an equity perspective [J]. Journal of Occupational Health Psychology, 2003, 8 (2): 91-109.

[251] KLANDERMANS B, VAN VUUREN T. Job insecurity [J]. European Journal of Work and Organizational Psychology, 1999, 8 (2): 145-314.

[252] KLEYSEN R F, STREET C T. Toward a multi-dimensional measure of individual innovative behavior [J]. Journal of Intellectual Capital, 2001, 2 (3): 284-296.

[253] KIFFIN-PETERSEN S A, JORDAN C L, SOUTAR G N. The big five, emotional exhaustion and citizenship behaviors in service settings: The mediating role of emotional labor [J]. Personality and Individual Differences, 2011, 50 (1): 43-48.

[254] KINNUNEN U, NATTI J. Job insecurity in finland: antecedents and consequences [J]. The European Work and Organizational Psychologist, 1994 (4): 297-321.

[255] KING N, ANDERSON J N. Managing innovation and change: a critical guide for organizations [M]. USA: Cengage Learning EMEA, 2002.

[256] KING W R, MARKS JR P V, MCCOY S. The most important issues in knowledge management [J]. Communications of the ACM, 2002, 45 (9): 93-97.

[257] KOZLOWSKI S W J, KLEIN K J. A multilevel approach to theory and research in organizations: Contextual, temporal, and emergent processes [M]. San Francisco, CA: Jossey-Bass, 2000.

[258] KUHNERT K W, PALMER D R. Job security, health and the intrinsic and extrinsic characteristics of work [J]. Group and Organization Studies, 1991 (16): 178-192.

[259] KRAIMER M L, WAYNE S J. An examination of perceived organizational support as a multidimensional construct in the context of an expatriate as-

signment [J]. Journal of Management. 2004, 30 (2): 209-237.

[260] KRUML S M, GEDDES D. Exploring the dimensions of emotional labor: the heart of Hochschild's work [J]. Management Communication Quarterly, 2000 (14): 8-49.

[261] KIRTON M. Adaptors and innovators: styles of creativity and problem solving [M]. New York: Routledge, 1994.

[262] LANDSBERGIS P A. Occupational stress among health care workers: a test of the job demands-control model [J]. Journal of Organizational Behavior, 1988 (9): 217-239.

[263] LAZAROVA M, CALIGIURI P. Retaining repatriates: the role of organizational support practices [J]. Journal of World Business, 2001, 36 (4): 389-401.

[264] LAZARUS R, FOLKMAN S. Psychological stress and the coping process [J]. Science, 1966 (55): 156.

[265] LAZARUS R S, FOLKMAN S. Stress, appraisal, and coping [M]. New York: Springer, 1984.

[266] LAZARUS R S, FOLKMAN S. Transactional theory and research on emotions and coping [J]. European Journal of Personality, 1987, 1 (3): 141-169.

[267] LEE S H, JEONG D Y. Job insecurity and turnover intention: organizational commitment as mediator [J]. Social Behavior and Personality: an international journal, 2017, 45 (4): 529-536.

[268] LEIDNER R. Emotional labor in service work [J]. American Academy of Political and Social Science, 1999, 56 (1): 81-95.

[269] LEVANONI E, SALES C A. Differences in job attitudes between full-time and part-time Canadian employees [J]. Journal of Social Psychology, 1990 (130): 231-237.

[270] LEPINE J A, PODSAKOFF N P, LEPINE M A. A meta-analytic test of the challenge stressor-hindrance stressor framework: an explanation for inconsistent relationships among stressors and performance [J]. Academy of Management Journal, 2005, 48: 764-775.

[271] LIU X, SUN J, HAERTEL C. Developing measure of team

emotional climate in China [J]. International Journal of Psychology, 2008, 43 (3-4): 285.

[272] LIU J, LIU Y. Perceived organizational support and intention to remain: the mediating roles of career success and self-esteem [J]. International Journal of Nursing Practice, 2016, 22 (2): 205-214.

[273] LIM V K. Job insecurity and its outcomes: moderating effects of work-based and nonwork-based social support [J]. Human Relations, 1996, 49 (2): 171-194.

[274] LIOU K T, BAZEMORE G. Professional orientation and job involvement among detention case workers [J]. Public Administration Quarterly, 1994 (18): 223-236.

[275] LIOU K T. Role stress and job stress among detention care workers [J]. Criminal Justice and Behavior, 1995 (22): 425-436.

[276] LOI R, HANG-YUE N, FOLEY S. Linking employees' justice perceptions to organizational commitment and intention to leave: the mediating role of perceived organizational support [J]. Journal of occupational and Organizational Psychology, 2006, 79 (1): 101-120.

[277] LOVELACE K, SHAPIRO D L, WEINGART L R. Maximizing cross-functional new product teams' innovativeness and constraint adherence: a conflict communications perspective [J]. Academy of Management Journal, 2001, 44 (4): 779-793.

[278] LUTHANS F. The need for and meaning of positive organizational behavior [J]. Journal of Organizational Behavior, 2002, 23 (6): 695-706.

[279] MATHIEU J, MAYNARD M T, RAPP T, et al. Team effectiveness 1997-2007: a review of recent advancements and a glimpse into the future [J]. Journal of management, 2008, 34 (3): 410-476.

[280] MATHIEU J E, HOLLENBECK J R, VAN KNIPPENBERG D, et al. A century of work teams [J]. Journal of Applied Psychology, 2017, 102 (3): 452-467.

[281] MATHIEU J E, TANNENBAUM S I, DONSBACH J S, et al. A review and integration of team composition models: moving toward a dynamic and temporal framework [J]. Journal of Management, 2014, 40 (1): 130-160.

［282］ MANTLER J, MATEJICEK A, MATHESON K, et al. Coping with employment uncertainty: a comparison of employed and unemployed workers ［J］. Journal of Occupational Health Psychology, 2005, 10 (3): 200-209.

［283］ MATSUMOTO D, YOO S H, FONTAINE J. Mapping expressive differences around the world: the relationship between emotional display rules and individualism versus collectivism ［J］. Journal of Cross Cultural Psychology, 2008, 39 (1): 55-74.

［284］ MESSMANN G, MULDER R H. Innovative work behaviour in vocational colleges: understanding how and why innovations are developed ［J］. Vocations & Learning, 2011, 4 (1): 63-84.

［285］ MILLIMAN J, TAYLOR S, CZAPLEWSKI A J. Cross-cultural performance feedback in multinational enterprises: opportunity for organizational learning ［J］. Human resource planning, 2002, 25 (3): 29-43.

［286］ MILLIKEN F J, MARTINS L L. Searching for common threads: understanding the multiple effects of diversity in organizational groups ［J］. Academy of management review, 1996, 21 (2): 402-433.

［287］ MORRIS J A, FELDMAN D C. The dimensions, antecedents, and consequences of emotional labor ［J］. Academy of Management Review, 1996, 21 (4): 986-1010.

［288］ MOHR G B. The changing significance of different stressors after the announcement of bankruptcy: a longitudinal investigation with special emphasis on job insecurity ［J］. Journal of Organizational Behavior, 2000 (21): 337-359.

［289］ MRÓZ J, KALETA K. Relationships between personality, emotional labor, work engagement and job satisfaction in service professions ［J］. International Journal of Occupational Medicine and Environmental Health, 2016, 29 (5): 767.

［290］ MUSE L A, STAMPER C L. Perceived organizational support: evidence for a mediated association with work performance ［J］. Journal of Managerial Issues, 2007: 517-535.

［291］ NAM J, ANDERSON T A, VEILLETTE A. Contextual inhibitors of employee creativity in organizations: the insulating role of creative ability ［J］.

Group & Organization Management, 2009, 34 (3): 330-357.

[292] NÄSWALL K, DE WITTE H. Who feels insecure in Europe? predicting job insecurity from background variables [J]. Economic and Industrial Democracy, 2003, 24 (2): 189-215.

[293] NÄTTI J, HAPPONEN M, KINNUNEN U, et al. Job insecurity, temporary work and trade union membership in finland 1977—2003 [J]. Aldershot: Ashgate, 2005 (11): 11-48.

[294] NIESEN W, VAN HOOTEGEM A, VANDER ELST T, et al. Job insecurity and innovative work behaviour: a psychological contract perspective [J]. Psychologica Belgica, 2018, 57 (4): 174-189.

[295] NICKY J. Emotional labour: skill and work in the social regulation of feelings [J]. The Sociological Review, 1989, 37 (1): 15-42.

[296] NIJSTAD B A, DE DREU C K. Creativity and group innovation [J]. Applied Psychology, 2002, 51 (3): 400-406.

[297] NIKOLOVA I, VAN DER HEIJDEN B, LÅSTAD L, et al. The "silent assassin" in your organization? can job insecurity climate erode the beneficial effect of a high-quality leader-member exchange? [J]. Personnel Review, 2018, 47 (6): 1174-1193.

[298] NEWMAN A, THANACOODY R, HUI W. The effects of perceived organizational support, perceived supervisor support and intra-organizational network resources on turnover intentions: a study of Chinese employees in multinational enterprises [J]. Personnel Review, 2012, 41 (1): 56-72.

[299] NOER D M. Healing the wounds: overcoming the trauma of layoffs and revitalizing downsized organizations [M]. New York: John Wiley & Sons, 2009.

[300] O'DRISCOLL M P, RANDALL D M. Perceived organizational support, satisfaction with rewards, and employee job involvement and organizational commitment [J]. Applied Psychology, 1999, 48 (2): 197-209.

[301] PALMER J K. Environmental regulation and innovation: a panel data study [J]. Review of Economics & Statistics, 1997, 79 (4): 610-619.

[302] PEETERS M A, VAN TUIJL H F, RUTTE C G, et al. Personality and team performance: a meta-analysis [J]. European journal of personality,

2006, 20 (5): 377-396.

[303] PELLED L H, XIN E. Exploring the black box: an analysis of work group diversity, conflict, and performance [J]. Administrative Science Quarterly, 1999, 44 (1): 1-28.

[304] PRATI L M, LIU Y, PERREWÉ P L, et al. Emotional intelligence as moderator of the surface acting-strain relationship [J]. Journal of Leadership & Organizational Studies, 2009, 15 (4): 368-380.

[305] PODSAKOFF P M, MACKENZIE S B, LEE J Y, et al. Common method biases in behavioral research: a critical review of the literature and recommended remedies [J]. Journal of Applied Psychology, 2003, 88 (5): 879-903.

[306] PREACHER K J, HAYES A F. Asymptotic and resampling strategies for assessing and comparing indirect effects in multiple mediator models [J]. Behavior Research Methods, 2008 (40): 879-891.

[307] PROBST T M, STEWART S M, GRUYS M L, et al. Productivity, counter-productivity and creativity: the ups and downs of job insecurity [J]. Journal of Occupational and Organizational Psychology, 2007, 80 (3): 479-97.

[308] PUGH S D, DIETZ J, WILEY J W, et al. Driving service effectiveness through employee-customer linkages [J]. Academy of Management Executive, 2002, 16 (4): 73-84.

[309] PUGLIESI K. The consequences of emotional labor: effects on work stress, job satisfaction, and well-being [J]. Motivation & Emotion, 1999, 23 (2): 125-154.

[310] RANDEL A E, JAUSSI K S. Gender social and personal identity, sex dissimilarity, relationship conflict, and asymmetrical effects [J]. Small Group Research, 2008, 39 (4): 468-491.

[311] RANDALL M L, CROPANZANO R, BORMANN C A, et al. Organizational politics and organizational support as predictors of work attitudes, job performance, and organizational citizenship behavior [J]. Journal of organizational behavior, 1999, 20 (2): 159-174.

[312] RAFAELI A, SUTTON R I. The expression of emotion in organizational life [J]. Research in Organizational Behavior, 1989 (11): 1-42.

［313］RAUB S, LIAO H. Doing the right thing without being told: joint effects of initiative climate and general self-efficacy on employee proactive customer service performance ［J］. Journal of applied psychology, 2012, 97 （3）: 651.

［314］REEVE J. Understanding motivation and emotion ［M］. New York: Wiley, 2001.

［315］RHEE S Y. Shared emotions and group effectiveness: the role of broadening-and-building interactions ［J］. Academy of Management Journal, 2007, 50: 605-622.

［316］RHOADES L, EISENBERGER R, ARMELI S. Affective commitment to the organization: the contribution of perceived organizational support ［J］. Journal of applied psychology, 2001, 86 （5）: 825.

［317］RHOADES L, EISENBERGER R. Perceived Organizational Support: a Review of the Literature ［J］. Journal of Applied Psychology, 2002 （87）: 698-714.

［318］ROCHA C, CROWELL J H, MCCARTER A K. The effects of prolonged job insecurity on the psychological well-being of workers ［J］. Journal of Sociology & Social Welfare, 2006, 33 （3）: 9-28.

［319］ROBERT F K, CHRISTOPHER T S. Toward a multi-dimensional measure of individual innovative behavior ［J］. Journal of Intellectual Capital, 2001, 2 （3）: 284-293.

［320］ROBINSON S L. Trust and breach of the psychological contract ［J］. Administrative Science Quarterly, 1996, 41: 574-599.

［321］RODAN S, GALUNIC C. More than network structure: how knowledge heterogeneity influences managerial performance and innovativeness ［J］. Strategic Management Journal, 2004, 25 （6）: 541-562.

［322］ROSENBLATT Z, RUVIO A. A test of a multidimensional model of job insecurity: the case of Israeli teachers ［J］. Journal of Organizational Behavior, 1996 （17）: 587-605.

［323］ROSKIES E, FOURNIER L G. Coping with job insecurity: how does personality make a difference? ［J］. Journal of Organizational Behavior, 2010, 14 （7）: 617-630.

[324] RUTTER D R, FIELDING P J. Sources of occupational stress: an examination of British prison officers [J]. An International Journal of Work, Health & Organisations, 1988 (2-4): 291-299.

[325] SACRAMENTO C A, FAY D, WEST M A. Workplace duties or opportunities? challenge stressors, regulatory focus, and creativity [J]. Organizational Behavior and Human Decision Processes, 2013, 121 (2): 141-157.

[326] SCOTT S G, BRUCE R A. Determinants of innovative behavior: a path model of individual innovation in the workplace [J]. The Academy of Management Journal, 1994, 37 (3): 580-607.

[327] SCHNEIDER B, WHITE S S, PAUL M C. Linking service climate and customer perceptions of service quality: tests of a causal model [J]. Journal of Applied Psychology, 1998 (83): 150-163.

[328] SCHUMPETER J A. The theory of economic development: an inquiry into profits, capital, credits, interest, and the business cycle [M]. Transaction Publishers, Piscataway, 1934.

[329] SCHNEIDER B, REICHERS A E. On the etiology of climates [J]. Personnel Psychology, 1983 (36): 19-39.

[330] SCHIPPERS M C, WEST M A, DAWSON J F. Team reflexivity and innovation: the moderating role of team context [J]. Journal of Management, 2012, 41 (3): 769-788.

[331] SELENKO E, MÄKIKANGAS A, MAUNO S, et al. How does job insecurity relate to self-reported job performance? analysing curvilinear associations in a longitudinal sample [J]. Journal of Occupational and Organizational Psychology, 2013, 86 (4): 522-542.

[332] SHANOCK L R, EISENBERGER R. When supervisors feel supported: Relationships with subordinates' perceived supervisor support, perceived organizational support, and performance [J]. Journal of Applied psychology, 2006, 91 (3): 689.

[333] SHALLEY C E, GILSON L L, BLUM T C. Interactive effects of growth need strength, work context, and job complexity on self-reported creative performance [J]. Academy of Management Journal, 2009, 52 (3): 489-505.

[334] SLACK K J. Examining job insecurity and well-being in the context

of the role of employment [D]. Houston: University of Houston, 2004.

[335] SMITH C A, LAZARUS R S. Emotion and adaptation [J]. Handbook of personality: Theory and research, 1990 (77): 609-637.

[336] SINGH J. Performance productivity and puality of frontline employees in service organizations [J]. Journal of Marketing, 2000, 64 (2): 15-34.

[337] SICOTTE H, LANGLEY A. Integration mechanisms and R&D project performance [J]. Journal of Engineering & Technology Management, 2000, 17 (1): 1-37.

[338] SI S, WEI F. Transformational and transactional leaderships, empowerment climate, and innovation performance: a multilevel analysis in the Chinese context [J]. European Journal of Work and Organizational Psychology, 2012, 21 (2): 299-320.

[339] SORA B, CA BALLER A, PEIRÓ J M, et al. Job insecurity climate's influence on employees' job attitudes: evidence from two European countries [J]. European Journal of Work and Organizational Psychology, 2009 (18): 125-147.

[340] SORA B, DE CUYPER N, CABALLER A, et al. Outcomes of job insecurity climate: the role of climate strength [J]. Applied Psychology, 2013, 62 (3): 382-405.

[341] SOMECH A, KHALAILI A. Team boundary activity: its mediating role in the relationship between structural conditions and team innovation [J]. Group & Organization Management, 2014, 39 (3): 274-299.

[342] MILLER S P. Where's the innovation: an analysis of the quantity and qualities of anticipated and obvious patents [J]. Va. JL & Tech, 2013 (18): 1.

[343] SPENCER S, RUPP D E. Angry, guilty, and conflicted: injustice toward coworkers heightens emotional labor through cognitive and emotional mechanisms [J]. Journal of Applied Psychology, 2009 (94): 429-444.

[344] STAMPER C L. Perceived organizational support and its consequences: evidence for a mediated association with work performance [J]. Journal of Managerial Issues, 2007, 19 (4): 517-535.

［345］STAUFENBIEL T, KÖNIG C J. A model for the effects of job inse-curity on performance, turnover intention, and absenteeism ［J］. Journal of Oc-cupational and Organizational Psychology, 2010, 83 （1）: 101-117.

［346］STEINER I D. Group process and productivity ［M］. New York: Academic press, 1972.

［347］STEPINA L P, PERREWE P L. The stability of comparative referent choice and feelings of inequity: a longitudinal field study ［J］. Journal of Organizational Behavior, 1991, 12: 185-200.

［348］SUN H, TEH P L, HO K, et al. Team diversity, learning, and in-novation: a mediation model ［J］. Journal of Computer Information Systems, 2017, 57 （1）: 22-30.

［349］SVERKE M J. Hellgren. The nature of job insecurity: understanding employment uncertainty on the brink of a new millennium ［J］. Applied Psychol-ogy, 2002, 51 （1）: 23-42.

［350］SVERKE M, HELLGREN J, NÄSWALL K. No security: a meta-a-nalysis and review of job insecurity and its consequences ［J］. Journal of Occu-pational Health Psychology, 2002, 7 （3）: 242-264.

［351］VINCENT-HÖPER S, STEIN M. The Leader Support for Innovation Questionnaire （LSIQ）: development and validation of a measure for assessing leader support for innovation ［J］. Leadership & Organization Development Jour-nal, 2019, 40 （8）: 898-915.

［352］SWIFT T A, WEST M A. Reflexivity and group process: research and practice ［J］. ESRC Center for Organization and innovation, 1998.

［353］TIERNEY P, FARMER S M. Creative self-efficacy: its potential antecedents and relationship to creative performance ［J］. Academy of Manage-ment Journal, 2002, 45 （6）: 1137-1148.

［354］TIWANA A, MCLEAN E R. Expertise integration and creativity in information systems development ［J］. Journal of Management Information Systems. 2005, 22 （1）: 13-43.

［355］TJOSVOLD D. Cooperative and competitive goal approach to conflict: accomplishments and challenges ［J］. Applied Psychology, 1998, 47 （3）: 285-313.

[356] TOLICH M B. Alienating and liberating emotions at work: supermarket clerks' performance of customer service [J]. Journal of Contemporary Ethnography, 1993, 22 (3): 361-381.

[357] TOTTERDELL P, HOLMAN D. Emotion regulation in customer service roles: testing a model of emotional labor [J]. Journal of Occupational Health Psychology, 2003 (8): 55-73.

[358] VAN KNIPPENBERG D. Team innovation [J]. Annual Review of Organizational Psychology and Organizational Behavior, 2017b, 4 (1): 211-233.

[359] TUSHMAN M, NADLER D. Organizing for innovation [J]. California Management Review, 1986, 28 (3): 74-92.

[360] WALKER H J, FEILD H S, BERNERTH J B, et al. Diversity cues on recruitment websites: investigating the effects on job seekers' information processing [J]. Journal of Applied Psychology, 2012, 97 (1): 214-224.

[361] WANG X, WANG G, HOU W C. Effects of emotional labor and adaptive selling behavior on job performance [J]. Social Behavior and Personality: an international journal, 2016, 44 (5): 801-814.

[362] WANG G, HUANG H, ZHENG Q. Effect of Chinese employees' emotional creativity on their innovative performance [J]. Social Behavior and Personality: an international journal, 2015, 43 (7): 1147-1160.

[363] WALLACE J C, EDWARDS B D, ARNOLD T, et al. Work stressors, role-based performance, and the moderating influence of organizational support [J]. Journal of Applied Psychology, 2009, 94 (1): 254-262.

[364] WHARTON A S, ERICKSON R J. Managing emotions on the job and at home: understanding the consequences of multiple emotional roles [J]. Academy of Management Review, 1993, 18: 457-486.

[365] WEISS H M, CROPANZANO R. Affective events theory: a theoretical discussion of the structure, causes and consequences of affective experiences at work [J]. Research in Organizational Behavior, 1996. 18 (3): 1-74.

[366] WENG R H, HUANG C Y, HUANG J A, et al. The cross-level impact of patient safety climate on nursing innovation: a cross-sectional questionnaire survey [J]. Journal of Clinical Nursing, 2012, 21 (15-16): 2262-2274.

[367] WEST M A, WALLACE M. Innovation in health care teams [J].

European Journal of Social Psychology, 1991, 21 (4): 303-315.

[368] WEST M A, FARR J L. Innovation at work: psychological perspectives [J]. Social behaviour, 1989, 4 (1): 15-30.

[369] WEST M A. Reflexivity and work group effectiveness: a conceptual integration [C]. M. A. West (Ed.), Handbook of work group psychology, 1996 (15): 555-579.

[370] WEST M A, ANDERSON N R. Innovation in top management teams [J]. Journal of Applied Psychology, 1996, 81 (6): 680-693.

[371] WOODMAN R W, SAWYER J E, GRIFFIN R W. Toward a theory of organizational creativity [J]. Academy of Management Review, 1993, 18: 293-321.

[372] WU T Y, HU C. Abusive supervision and subordinate emotional labor: the moderating role of openness personality [J]. Journal of Applied Social Psychology, 2013, 43 (5): 956-970.

[373] YIN H, LEE J C K, ZHANG Z. Exploring the relationship among teachers' emotional intelligence, emotional labor strategies and teaching satisfaction [J]. Teaching and Teacher Education, 2013 (35): 137-145.

[374] YU P, WU J J, CHEN I H, et al. Is playfulness a benefit to work? empirical evidence of professionals in taiwan [J]. International Journal of Technology Management, 2007 (39): 412-429.

[375] ZAKI J. Empathy: A motivated account [J]. Psychological Bulletin, 2014, 140 (6): 1608-1647.

[376] ZAPF D, VOGT C, SEIFERT C, et al. Emotion work as a source of stress: the concept and development of an instrument [J]. European Journal of Work & Organizational Psychology, 1999, 8 (3): 371-400.

[377] ZHOU J, GEORGE J M. When job dissatisfaction leads to creativity: encouraging the expression of voice [J]. Academy of Management Journal, 2001, 44 (4): 682-696.

附录1：研究一调查问卷

第一阶段调查问卷（员工）

亲爱的先生/女士：

您好！我们目前正在开展一项"工作不安全感与员工创新行为"方面的研究，恳请您于百忙之中予以协助支持！非常感谢！

本问卷是一份普通的学术论文调查问卷，采用的是匿名调查方式，并且所有回收的问卷仅做整体性分析，不会显示您的个人信息。答案没有对错好坏之分，请您根据自己的实际感受放心作答。整体问卷的回答大约需要占用您5分钟的时间。

再次感谢您花时间和精力填写此问卷，祝您在新的一年里取得更好的发展。如有任何疑问或建议，请随时联络，E-mail：×××××××@163.com。

敬祝平安快乐、工作顺利！

填写说明：

（1）问卷中所有问题的回答方式非常简单，请依照您的直觉认同程度在问题后的某一数值上打勾"√"或划圈"○"，采取您方便的方式标记即可。

（2）有些题目可能并不适用于您的工作实际，但请您尽可能想象并根据现有工作情况回答每个问题。

（3）问卷分为3个部分，共2页，请您尽可能如实填写完整。

第一部分：请根据您本人的判断，在相应的认同程度上做标记。

在工作中，	非常不同意	较不同意	中性态度	比较同意	非常同意
1. 我很担心我要被迫离开这个组织	1	2	3	4	5
2. 我觉得今年有被解雇的可能	1	2	3	4	5
3. 我非常不安，因为不久之后我可能要失去目前的工作	1	2	3	4	5
4. 我在这个组织有很好的职业发展机会	1	2	3	4	5
5. 我感觉组织不久后就会给我提供令人兴奋的工作内容	1	2	3	4	5
6. 我相信组织不久就会需要我的能力	1	2	3	4	5
7. 在这个组织里我的薪酬非常有希望继续上涨	1	2	3	4	5

第二部分：请根据您本人的判断，在相应的认同程度上做标记。

在工作中，	非常不同意	较不同意	中性态度	比较同意	非常同意
1. 我所在的组织很重视我所做出的贡献	1	2	3	4	5
2. 我所在的组织并不感激我所做出的额外努力	1	2	3	4	5
3. 我所在的组织会忽视我的抱怨	1	2	3	4	5
4. 我所在的组织会真正关心我的幸福	1	2	3	4	5
5. 即使我把工作做到极致，我所在的组织也不会在意	1	2	3	4	5
6. 我所在的组织会关心我在工作中的总体满意度	1	2	3	4	5
7. 我所在的组织很少关心我	1	2	3	4	5
8. 我所在的组织会为我工作中取得的成就而感到骄傲	1	2	3	4	5

第三部分：请填写关于您个人的一般性问题。同样，所有的答复都是保密的。

（1）您的性别是：A. 男　　　　B. 女
（2）您的年龄是：
　　　A. 25 岁及以下　　　　B. 26~35 岁
　　　C. 36~45 岁　　　　　 D. 46 岁及以上

（3）您的学历是：

      A. 高中及以下   B. 大专   C. 大学本科   D. 硕士及以上

（4）您的婚姻状况是：

      A. 未婚   B. 已婚   C. 离异   D. 其他

（5）您在当前企业的工作年限是：

      A. 1 年（不含）及以下   B. 1（含）~ 3 年

      C. 3（含）~ 5 年   D. 大于 5 年

非常感谢您完成问卷的填写！

所有的数据绝对保密，且仅作为学术之用。

第二阶段调查问卷（员工）

亲爱的先生/女士：

您好！我们目前正在开展一项"工作不安全感与员工创新行为"方面的研究，恳请您于百忙之中予以协助支持！非常感谢！

本问卷是一份普通的学术论文调查问卷，采用的是匿名调查方式，并且所有回收的问卷仅做整体性分析，不会显示您的个人信息。答案没有对错好坏之分，请您根据自己的实际感受放心作答。整体问卷的回答大约需要占用您 5 分钟的时间。

再次感谢您花时间和精力填写此问卷，祝您在新的一年里取得更好的发展。如有任何疑问或建议，请随时联络，E-mail：××××××@163.com。

敬祝平安快乐、工作顺利！

填写说明：

（1）问卷中所有问题的回答方式非常简单，请依照您的直觉认同程度在问题后的某一数值上打勾"√"或划圈"○"，采取您方便的方式标记即可。

（2）有些题目可能并不适用于您的工作实际，但请您尽可能想象并根据现有工作情况回答每个问题。

（3）问卷分为 3 个部分，共 2 页，请您尽可能如实填写完整。

第一部分：请您回忆过去 4 周的情况，并根据您本人的判断，在相应的认同程度上打勾。

在工作中，	非常不同意	较不同意	中性态度	比较同意	非常同意
1. 我会忍住不表达我的真实感受	1	2	3	4	5
2. 我会假装表达实际上我并没有的情绪	1	2	3	4	5
3. 我会隐藏我对某个情况的真实感受	1	2	3	4	5
4. 我会努力地感受我在工作中需要向他人展示出的情感	1	2	3	4	5
5. 我会试着去真实地体验我在工作中所必须展现的情感	1	2	3	4	5
6. 我会将真实地感受我必须表现出来的情绪作为我工作的一部分	1	2	3	4	5

第二部分：请您回忆过去 4 周的情况，并根据您本人的判断，在相应的认同程度上打勾。

在工作中，	非常不同意	较不同意	中性态度	比较同意	非常同意
1. 我会主动寻找新技术、流程、技术和（或）产品理念	1	2	3	4	5
2. 我会经常产生一些创造性的想法	1	2	3	4	5
3. 我会向别人交换自己的新想法	1	2	3	4	5
4. 我会想办法获得资源以实现我自己的创意	1	2	3	4	5
5. 为了实现新想法，我会制订合适的计划和时间安排	1	2	3	4	5
6. 总之，我是一个有创新的人	1	2	3	4	5

非常感谢您完成问卷的填写！

所有的数据绝对保密，且仅作为学术之用。

附录2：研究二调查问卷

第一阶段调查问卷（团队成员）

亲爱的先生/女士：

您好！我们目前正在开展一项"工作不安全感与员工创新"方面的研究，恳请您于百忙之中予以协助支持！非常感谢！

本问卷是一份普通的学术论文调查问卷，采用的是匿名调查方式，并且所有回收的问卷仅做整体性分析，不会显示您的个人信息。答案没有对错好坏之分，请您根据自己的实际感受放心作答。整体问卷的回答大约需要占用您5分钟的时间。

再次感谢您花时间和精力填写此问卷，祝您在新的一年里取得更好的发展。如有任何疑问或建议，请随时联络，E-mail：×××××××@163.com。

敬祝平安快乐、工作顺利！

填写说明：

（1）问卷中所有问题的回答方式非常简单，请依照您的直觉认同程度在问题后的某一数值上打勾"√"或划圈"○"，采取您方便的方式标记即可。

（2）有些题目可能并不适用于您的工作实际，但请您尽可能想象并根据现有工作情况回答每个问题。

（3）问卷分为3个部分，共2页，请您尽可能如实填写完整。

第一部分：请根据您本人的判断，在相应的认同程度上做标记。

在工作中，	非常不同意	较不同意	中性态度	比较同意	非常同意
1. 我很担心我要被迫离开这个组织	1	2	3	4	5
2. 我觉得今年有被解雇的可能	1	2	3	4	5
3. 我非常不安，因为不久之后我可能要失去目前的工作	1	2	3	4	5
4. 我在这个组织有很好的职业发展机会	1	2	3	4	5
5. 我感觉组织不久后就会给我提供令人兴奋的工作内容	1	2	3	4	5
6. 我相信组织不久就会需要我的能力	1	2	3	4	5
7. 在这个组织里我的薪酬非常有希望继续上涨	1	2	3	4	5

第二部分：请根据您团队成员的情况，并根据您本人的判断，在相应的认同程度上做标记。

我所在的团队成员，	非常不同意	不同意	中性态度	同意	非常同意
1. 我们团队的成员来自很多不同的专业领域	1	2	3	4	5
2. 我们团队的成员拥有各种各样的知识背景和经验	1	2	3	4	5
3. 我们团队的成员拥有彼此互补的技能和能力	1	2	3	4	5

第三部分：请填写关于您个人的一般性问题。同样，所有的答复都是保密的。

（1）您的性别是：A. 男　　　B. 女

（2）您的年龄是：

　　A. 25 岁及以下　　　B. 26～35 岁

　　C. 36～45 岁　　　D. 46 岁及以上

（3）您的学历是：

　　A. 高中及以下　　B. 大专　　C. 大学本科　　D. 硕士及以上

（4）您在当前企业的工作年限是：

    A. 1 年（不含）及以下   B. 1（含）～3 年

    C. 3（含）～5 年   D. 大于 5 年

非常感谢您完成问卷的填写！

所有的数据绝对保密，且仅作为学术之用。

第二阶段调查问卷（团队成员）

亲爱的先生/女士：

    您好！我们目前正在开展一项"工作不安全感与员工创新"方面的研究，恳请您于百忙之中予以协助支持！非常感谢！

    本问卷是一份普通的学术论文调查问卷，采用的是匿名调查方式，并且所有回收的问卷仅做整体性分析，不会显示您的个人信息。答案没有对错好坏之分，请您根据自己的实际感受放心作答。整体问卷的回答大约需要占用您 5 分钟的时间。

    再次感谢您花时间和精力填写此问卷，祝您在新的一年里取得更好的发展。如有任何疑问或建议，请随时联络，E-mail：×××××××@ 163.com。

    敬祝平安快乐、工作顺利！

    填写说明：

    （1）问卷中所有问题的回答方式非常简单，请依照您的直觉认同程度在问题后的某一数值上打勾"√"或划圈"○"，采取您方便的方式标记即可。

    （2）有些题目可能并不适用于您的工作实际，但请您尽可能想象并根据现有工作情况回答每个问题。

    （3）问卷分为 3 个部分，共 2 页，请您尽可能如实填写完整。

第一部分：请您回忆过去 3 周您所在团队的情况。根据您本人的判断在相应的认同程度上打勾。

您所在的团队在工作中，	非常不同意	不同意	中性态度	同意	非常同意
1. 我们团队经常检查工作目标的可行性	1	2	3	4	5
2. 我们团队经常检讨过去工作方式	1	2	3	4	5
3. 我们团队经常检讨工作效率问题	1	2	3	4	5
4. 我们团队不断根据环境的变化修正工作目标	1	2	3	4	5
5. 我们团队经常反思现有工作方式	1	2	3	4	5

第二部分：请您回忆过去 3 周您所在团队的情况。根据您本人的判断在相应的认同程度上打勾。

在您的团队中，	非常不同意	不同意	中性态度	同意	非常同意
1. 在团队中，我们觉得工作起来很有干劲	1	2	3	4	5
2. 在团队中，团队成员都乐观和自信	1	2	3	4	5
3. 在团队中，大家都朝气蓬勃	1	2	3	4	5
4. 在团队工作，我们觉得充满希望	1	2	3	4	5

非常感谢您完成问卷的填写！
所有的数据绝对保密，且仅作为学术之用。

第三阶段调查问卷（团队主管）

亲爱的先生/女士：

您好！我们目前正在开展一项"工作不安全感与员工创新"方面的研究，恳请您于百忙之中予以协助支持！非常感谢！

本问卷是一份普通的学术论文调查问卷，采用的是匿名调查方式，并且所有回收的问卷仅做整体性分析，不会显示您的个人信息。答案没有对错好坏之分，请您根据自己的实际感受放心作答。整体问卷的回答大约需要占用您5分钟的时间。

再次感谢您花时间和精力填写此问卷，祝您在新的一年里取得更好的发展。如有任何疑问或建议，请随时联络，E-mail：×××××××@163.com。

敬祝平安快乐、工作顺利！

填写说明：

（1）问卷中所有问题的回答方式非常简单，请依照您的直觉认同程度在问题后的某一数值上打勾"√"或划圈"○"，采取您方便的方式标记即可。

（2）有些题目可能并不适用于您的工作实际，但请您尽可能想象并根据现有工作情况回答每个问题。

（3）问卷分为3个部分，共2页，请您尽可能如实填写完整。

第一部分：请您回忆过去3周您所在团队的真实情况。根据您本人的判断在相应的认同程度上打勾。

您所在的团队在工作中，	非常不同意	不同意	中性态度	同意	非常同意
1. 团队开创新的程序和方法	1	2	3	4	5
2. 团队开发完成工作任务或者目标新颖的工作方式	1	2	3	4	5
3. 为了提高创新，团队开发新的技能	1	2	3	4	5
4. 团队努力完善工作战略和方法	1	2	3	4	5

第二部分：请填写关于您所在的团队的一般性问题。同样，所有的答复都是保密的。

（1）您的团队有多少名成员：

    A. 3 名及以下   C. 4~6 名

    C. 7~10 名   D. 大于 10 名

（2）您的团队成立了多少年：

    A. 1 年及以下   B. 2~5 年

    C. 6~10 年   D. 10 年以上

（3）您的团队类型是：

    A. 营销团队   B. 管理团队   C. 服务团队   D. 研发团队

非常感谢您完成问卷的填写！

所有的数据绝对保密，且仅作为学术之用。